生命倫理

的四季大廈

區結成　著

「四季大廈」是比喻——生命有如四季，倫理學有如大廈。而且，我在少年時代真的住過照片中的四季大廈。(香港房屋協會圖片)

《生命倫理的四季大廈》讀後感言

生命倫理觸及人生不同階段的切身問題。區醫生提供線索，幫助讀者思考面臨人生重要抉擇時應如何自處。他化繁為簡，提綱挈領，以時事、歷史事件，闡述生命倫理問題的緣起和演變，務求讀者能輕鬆掌握當中要點。

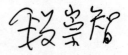

香港中文大學校長
段崇智教授謹識

「本書中，區醫生通過一環接一環的小故事，向讀者娓娓道來平常人都有可能會面對到的各類生命倫理相關的問題。全書深入淺出、筆精墨妙，我會向所有對生命倫理學有興趣的讀者推薦本書。」

鄭維健博士，前香港中文大學校董會主席

「區結成醫生在公營醫院服務了 30 年，退休了，但我覺得他其實沒有真的退休。卸下醫生袍，拿起筆，他以區聞海的身份繼續行醫，不是在某一所醫院，而是為了整個社會。他以個人經驗結合醫學知識，啟發大眾讀者，面對不可測的未來。」

黃淑嫻，香港作家、嶺南大學中文系副教授

「曾經，荃灣有四幢分別喚作春明、夏雨、秋趣和冬隱的大廈，為千百居民提供遮陽擋雨的家園。區聞海醫生在秋趣樓住了六年，練就一顆清心一雙慧眼，寬容看待世事變幻，不忘醫療本業，同時旁徵博引，抽絲剝繭，交出滿有趣味的倫理觀察。」

陶囍，專欄作家

序
一

打開生命倫理大廈的幾扇窗

邵鵬柱　教授
香港中文大學生命科學學院

接到區結成醫生的電郵，請我為他的生命倫理新書寫序。這
使我想起和結成兄相識於九十年代中期，那時葉保強博士組
織成立香港生命倫理學會，找了結成兄和我加入，及後我倆
都先後做過這個學會的主席。生命倫理並不是我的專業，我
是透過分子生物技術研究和教學來認識生命倫理的，近年也
講授生命倫理的基礎課程和參與中國內地的生命倫理委員會
活動。這些年來，克隆生命、快速探測基因序列、幹細胞的
分化、基因的改造等生物科技日新月異，不少技術，已可應
用於醫學或商業，由此而帶出來的倫理問題，是之前未曾遇

到的。生命倫理，最能觸動人心的莫過於醫學這一塊。生老病死是生命的必經階段，千百年來，人類總希望增加在生老病死的主導權，但往往又變成人生最大的無奈。醫療科技的發展，使這四個階段更能被掌控。安樂死和利用醫療手段來延長生命已成為現實。科技正朝著「長命百二歲」和死後重生推進。

作者別開生面的用「生命誠可貴，自由價更高」作為十個篇章的點題，顯示倫理的抉擇應以自由為本。本書涵蓋醫學倫理的幾個重要問題，包括：避孕和試管嬰兒、由心肺復甦至預設醫療指示、生物醫學的誠信和倫理界線、墮胎的爭議、醫療資源分配、尊重自主、社會和個人的權限、生命倫理生成的價值觀、飛躍的生物科技、如何看待生命和個體與群體的關係。第一至第七章，作者用夾敘夾議的手法，大量引用各種事例，敘述有關主題的源由和倫理的爭議。第八和第九章，揭示如何回應生命倫理的問題，前瞻一些會引起生命倫理爭議的科技，包括人工智能、幹細胞、再生醫學等。最後，作者指出，倫理的判斷，是與我們如何看待生命和看待個體以及個體與群體的互動有關。全書沒有艱深的理論，作者提供了大大小小的事例和描述不同持分者如何進行倫理判斷，對生物科技和醫療工作者，有溫故知新之效。本書也能加深一般的讀者和學生對生命倫理的了解。

我特別喜歡書中對事例倫理判斷的討論。這些判斷，很多時都是處於兩難的狀態。例如在協助死亡的例子，是以尊重病人自主為主，抑或以醫生沒有義務協助病人死亡為主？作者從宏觀的角度，道出他對死亡權利的提法感到不自在。我倒想以另一個角度思考這個問題。書中指出，現在已有一些國家容許協助自殺，也有若干知名的外國人士往當地安樂死。這是否顯示有經濟能力可享有更高的自由？經濟能力與自由掛鉤，已是見怪不怪，但連死亡的自主權也是如此，倒是令人不安的。

協助死亡這事例，更帶出倫理抉擇的地域性。為什麼有些國家容許協助死亡而另一些國家卻列作刑事罪行？這使我想起一個教科書的個案。因為動物權益和可能影響牛隻的健康，歐盟並不批准注射重組生長激素（somatotropin）來增加奶牛的產奶量，不過美國卻批准這個行為和售賣所產的牛奶。在課堂講到這例子時，我便和學生玩一個道德矩陣（ethical matrix）的遊戲，給農民、消費者、牛隻和自然界不同的「持分者」在他們的福利（well-being）、自主（autonomy）和公平（fairness）三個項目打分。有利者加分，不利者減分。以分數的多少判斷行動的倫理價值。很明顯，因美國和歐盟在這些項目的取向不同，得出的結論就南轅北轍了。

那麼，價值觀是否有共同的規範或原則？作者列舉儒家文化
的「己所不欲，勿施於人」和「不忍人之心」；也指出倫理
學家 Callahan 認為倫理爭議應有解決紛爭的智慧和視角，
和 Engelhardt 的「容許原則」──既然不能統一道德規範，
只好讓各種道德規則並存。通訊和交通的發達，使到人類的
行為趨同，長遠來說，將減少不同社會倫理決策的差異。在
這實現之前，作者所列舉的方向，是值得我們進一步探討的。

生命倫理不止於醫學。作者也指出本書並未談及一些重要的
生命倫理問題，例如其他動物、人與生態環境的責任等。我
期待結成兄於不久將來再為生命倫理大廈多開幾扇窗，使讀
者能多窺生命倫理的堂奧。

2019 年 3 月 20 日於吐露居

序
二

對生命和倫理的深情

李夏茵　醫生
香港醫院管理局策略發展總監

這是一本我捨不得讀完的書。

同時，這也是一本拿了上手，我便放不下來的書。

它用輕鬆和顯淺的方法去討論對待生命這十分嚴肅和深奧的問題。看過這本書以後，對「生命倫理」這課題確實有一種相逢恨晚的感覺。

從來人生就是充滿著矛盾的，就像倫理道德與科技應用般。

它們在共存共進的同時，卻存在著許多的對立面，我們必須要面對及解決它們之間的矛盾。醫學科技無疑為人類帶來了許多突破生命限制的機會，但我常常想它是否同時破壞了生命的和諧，扭曲了生命本身的意義，給予人類一個扮演造物主的藉口？人類又有沒有足夠的智慧和同理心去面對醫療技術帶來的矛盾，足夠的謙卑去面對生命的開始和結束呢？不要誤會，我是一個十分熱衷科學研究的人，曾經一度以為自己會成為臨床研究人員，但是當自己將焦點拉遠一點來看時，單是招募病人加入臨床研究的一環，我自家也有著許多的反省，如果我是病人，我會帶著什麼的心情來參加研究，押上些什麼風險來博取那新開發的藥呢？

從來對道德倫理的認識不多，以為它是屬於古板人的沉悶議題，直至與區醫生初結緣於醫院管理局臨床倫理委員會時，我才對這方面的討論有所改觀。那個時候我是委員會的負責人，而區醫生是專家。當時，委員會正熱烈討論著「預設醫療指示」的指引。跟這群專家討論，就像跟一群士大夫在辯證似的，他們邏輯清晰、心思細密、頭腦清醒、出發點很清楚，就是如何維護病人的尊嚴和權利，如何尊重生命，這是作為一個醫生該擁有的基本價值觀。如果沒有了醫學倫理四大原則：尊重病人自主、行善裨益、不予傷害，和公平正義，我們的工作就會變得毫無意義，我們亦只會留在技工的

層面。這四大醫學倫理原則成為了我們習醫的人應當擁有的價值觀。也因為這些基礎，醫學變成了一種獨一無二的行業，難怪行外人有時難於理解這行業的神髓。從那個時候開始，我就知道思考倫理道德的議題，就是探索生命何價、揭開其奧秘的開端。

一段日子後，我們成為了左鄰右里。在區醫生榮休之前，我們的辦公室是雙連的。我在室內放了很多的花草，提醒自己生命的四季，觀看春夏秋冬的變化，嘗試領悟自然的定律。然而，區醫生的辦公室絕對是一個強烈的對比，室內鋪著深藍地氈，窗前只有一株四季不朽的仙人掌，時間似乎在這小小的斗室內停頓了，這裡像是埋藏著解開生命奧秘的鎖匙。地靈人傑大概就是這個意思吧？

喜歡和區醫生討論，因為他不是給你說理論，而是哲理，就像是這一本書一樣，他不是跟你說教，而是給你分析，慢慢地揭開生命一幕幕神秘的黑紗。道德倫理本身是十分難言喻的事，但區醫生在書本裡引用了許多歷史個案，令這些概念變得立體起來，看起來也有趣得多了，完全擺脫了道德倫理的古板形象。

從生育走到死亡、科研到應用，將人性一層又一層小心地撕

開，讓我們看見人性的美善以及陰暗面。我相信倫理不是用來窒礙科技進步的，我們也不應站在道德高地來規範科技的發展，倫理只是將科技發展帶上正軌，科學研究不在於滿足個人的野心和虛榮，而是為了真正的造福人群、改善生活。例如，在臨床服務中，我們輕而易舉地看見許多新的科技應用，似乎科學已經可以主宰生命的開始以及結束。在病房內，垂死病人使用呼吸輔助器比比皆是，可是始終很少人可以獲救並恢復過來，從此過著自主健康的生活，那麼這個使用呼吸器的決定該怎麼作，病人如果可以選擇，這一切又會不會改變？猶記得在老人科病房工作的日子，常常看見垂死掙扎的病人，他們的眼神充滿著悲哀，當中沒有對死亡的恐懼，也沒有離別的愁緒，只有默默承受無了期痛苦的無奈，令人不禁想其實我們在延長他們的壽命還是延長他們的痛苦呢？我們是否在滿足自己可以拖延死亡的虛榮？這怎麼會是病人最希望到達的人生終點站呢？那個眼神就是科學與生命真正的距離，道德與倫理的出現就是為了拉近這個距離。

明顯地，我們在生命倫理的發展上是遠遠低於科技的進步。當科學家說「追求醫學突破是至為重要的，倫理爭議是其他人的事」時（見 50 節），這也許是人類最危險的恐怖思想。若果科學發展是一隻一飛沖天的大鷹，倫理發展就是地上慢慢爬行的小龜。天上的鳥兒舉頭易見，陸棲的動物卻默默無

聞。尖端科技永遠是在聚光燈下，吸引目光注禮，英雄似乎隨時會走到水銀燈下，鞠躬謝幕，享受台下的喝采掌聲。倫理卻從來不是性感的議題，不會給人「潮」的感覺，可是人卻必須要擁有十分細密的分析力、過人的邏輯、對世情有相當的理解、對生命非常尊重、對苦困有無限的同理心，方可明白當中道理的一二。

可想而知，從小若不植下這些倫理種子在學醫的人的心中，不讓他們去鍛煉自己的腦筋，他們成長後是會失去行醫方向的，尤其是在這個日新月異的時空當中，是非黑白對錯不打好基礎就會變得模糊；如果什麼是真正替病人設想的理念也不懂，這不會是病人想付託的醫護人員。

我那個年代，從醫學院走到醫院，道德倫理一直沒有被納入正式的培訓課程之內，是一個被遺忘的課題，可是我卻永遠記得外科畢業考試的時候，有幸考到還不錯的成績，進入了 distinction viva，黃教授問我，他們應該做一個肝臟移植手術，還是做一百個闌尾炎的手術，我記得我答我會做後者。不知道是不是這個原因，觸動了醫學院外科部的神經，我拿不到外科的 distinction。現在的醫學生可幸運得多了，倫理是必修的一課。然而，我想倫理不是讀了就代表懂了的東西，要透過用實例來不斷反覆思量，時代不同了，就有不

同的案例，今天倫理上是可以接受的，明天也許已不再可行。與時並進的不只是科技，還有倫理。這本書就跟我們作了一個鄭重的提醒，區醫生也給我們做了一個完美的示範，倫理不沉悶，它是活的。

道德倫理的探索，給一切現在看來理所當然的事，加了深度和闊度，加多了一份意義。看過這本書以後，但願你能領略到區醫生對生命的深情。

不要讓「生命倫理的四季大廈」倒塌

賴恩慈
電影及劇場編導演

我自小怕醫生,亦不喜歡醫院;大學時期讀電影辦劇團,沒有一位醫生朋友;現在是一個自由身藝術工作者,沒有跟醫生合作過。

我第一位近距離接觸的醫生竟然是區結成醫生,所謂的近距離其實是在幾次公開活動上碰面,亦有幸與其他朋友一起跟

他共餐暢談，面對區醫生，我多數是入神的聆聽者。

有勇氣說「近距離接觸」其實是因為區醫生為人風趣幽默，平易近人，他有種能力把天上的話題帶到人間，把艱澀的議題拉近到大眾，俗語即很「落地」。

這本書著重思考，我第一個思考是為什麼找我（寫序）？在典型的印象中，序言多數找相關的專業人士或名人作家。醫學倫理學所涉及的題目是生物醫學、生命科學、新興科技；相對於這些範疇，我身份是一名普通市民：會關心近期香港「醫療爆煲」的新聞，亦讀過幾篇關於 CRISPR-Cas9 的文章，喜歡看 Netflix 的 *Black Mirror*（中譯為《黑鏡》，一系列以人類與新技術關係為主題的劇集），除此以外，我沒有相關的專業知識，是門外漢。找我寫序，實在亦是一個很「落地」的選擇。

我咀嚼閱讀時，強烈感到那種「在生命中收到倫理邀請」帶來的腦震盪，這本書是區醫生邀請我們來自五湖四海的人踏進生命倫理的四季大廈，一起情理兼備地思考、討論、對話。

人類將來會發生怎樣的故事？

因基因編輯技術而出現的新種族階級？地球上出現本來沒有的超級生物？人類可以網購身體任何部分、器官甚至頭顱？出現 100 歲中年論而不是笑話？

這些當然是我個人幻想。我是一個說故事的人，工作涉及的範圍主要是電影與戲劇，用故事與人溝通，也希望能用故事參與社會。

故事反映時代，一個時代怎樣的文化、政治、經濟、民族性混合而成的土壤，便會孕育出什麼樣的故事。故事的本質就在人性，正正是生命倫理其中最大的命題。

《正義：一場思辨之旅》作者 Michael Sandel 教授在哈佛大學的開放式課程，第一堂第一句是：This is a course about justice , and we begin with a story。

這趟閱讀《生》的旅程，每到各章點題，我想像區醫生站在不同講台上對著不同受眾說：這是一門探討生命倫理的課，讓我們先說一個故事。

生命倫理並不只是一場哲學辯論。區醫生引述生命倫理不同的故事貫穿全書，故事都不是假設的案例，而是真實事件、

真實問題、真實爭議，亦有機會發生在你和我身上，或已發生過。故事都牽涉人性、哲學性、社會性，亦包涵各種衝突：人與人（不同立場、種族、思想）、人與環境（宗教背景、法理約束、傳統習俗、道德規範）、人與心理（社會地位、內心矛盾），就是沒有道德說教，書的前言已提出：「讀者要思考多少，隨願而行就好。」

人類是一種透過故事去了解世界的生物，閱讀故事亦是一種自主學習的過程，透過這些真實故事，讀者「隨願而行」地尋找人性的根本與生死的意義，在資訊爆炸、生活複雜的科技世界中，這些故事成為我們了解自己現實處境的參考、借鏡，從中得到啟發，在有需要的時候懂得如何抉擇和面對抉擇。

《生》的每一個故事都可以拍成新一季 *Black Mirror* 劇集，有些更早已拍成電影。電影和劇場可以作為法庭及學術研討會以外的思考及討論平台，人類將來會發生什麼故事，基於我們如何了解過去的故事，和現在我們一起建構怎樣的故事。

將來這些故事的觀眾又會是誰？我想像，會是區醫生這書所想像的讀者凱西嗎？那位在諾貝爾文學獎作家石黑一雄的小

說《別讓我走》（*Never Let Me Go*）裡面的器官捐贈複製人。

我們如何不做生命倫理學的無知者？

區醫生在字裡行間提醒社會公眾：生物醫學、生命科學與科學研究的走向並不純是醫學界、科學界、法律界等內部的事，倫理學能引起社會對倫理議題的關注，和引導公眾對話。

我們作為普通市民可以如何參與？即使沒有醫學、科技或法律等專業知識，至少應積極關注，面對複雜的生命倫理問題，要保持足夠的知情及開放地思考，如果有天科技真的發展到人類什麼也可以達成，新技術的威力推展到極限的時候，我們市民也能參與提出主張、批評，必要時堅守道德倫理界線，澄清各種價值觀念，我們不要做生命倫理學的無知者。

如果我們是學者 Engelhardt 所說「道德上的陌路人」，更需要設法交流對話，去解決分歧紛爭的危機，尋求合理的倫理價值。不是辯論以辨別誰對誰錯，而是討論，以道理討論和分析，達到共識，即使不能達致共識，至少收窄分歧避免撕裂。

最有效的溝通，是對話中有聆聽和思考，還有關懷、同情和對他者的同理心，也該如區醫生的提示：「做現代的生命倫理學的一個諍友，也接受人家做我們的諍友。」科技一日千里，必定會有新的倫理挑戰、新的矛盾，保持開放的態度，擁抱四季大廈四根重要支柱：生命、自由、公平公義、文化。

我們不要讓「生命倫理的四季大廈」倒塌，讓倫理學可以在這土壤落地生根。

目錄

在生命中收到倫理邀請

1

這書是從 2017 年秋天開始醞釀的，2018 年聖誕節才寫好初稿，比我近年出版的其他書緩慢。

2017 年初，我在公營醫療機構不同的崗位工作 30 年之後，到了香港中文大學，新的崗位在生命倫理學中心。校園安靜，日常浸在研討、講課、閱讀、寫作，以及間中的訪問之中，腦海裡一些生命倫理課題晶瑩起來。

在醞釀中，有一天我遇上一個五歲男孩，他對人事好奇，知道我以前的職業，忽然問：「你為什麼不做醫生了？」

我說我做完了醫生，開始了另一份工作。

「你現在做什麼了？」他又問。

我想了一下。一個五歲小孩不可能明白什麼是生命倫理吧。

但也說不定。「倫理」就是關於選擇對的事去做，和弄清楚道理。生命倫理關心生和死，以及在兩者之間的事情，尤其是醫學和生命科技引起的問題。孩子從小被灌輸行為規矩，最初是被動地接受，到五、六歲就不再照單全收了。他們會問：「為什麼這不可以？」「這公平嗎？」這些有點麻煩的問題就是倫理問題。

當然這本書不是給小童的讀物，也不會由爸媽給他們閱讀，然而經他一問，我想到，書也不是只為老成的讀者而寫的。

2

這篇前言的標題是信手借來的。《倫理學的邀請》是西班牙哲學家 Fernando Savater（薩瓦特爾，1947- ）為他 15 歲的兒子寫的薄薄的一本書，于施洋譯為中文，2015 年由北京大學出版社出版。在書的序，他記述了兒子六歲時間的一個問題，與我遇上那個五歲男孩問的幾乎一模一樣：「你在做什麼？」Savater 這樣寫道：

> 那時候你大概也就六歲，我們正在托雷洛東內斯避暑。一天下午，我正在屋裡無聊地敲著電腦鍵盤，面前照片上，一條大鯨魚擺著尾巴，悠然地游弋在藍色的大海上。耳邊不時傳來你和你的幾個表兄弟跟大家一起在游泳池裡戲水玩耍、在花園裡跑來跑去的聲音……。
>
> 突然，你跑到我打開的窗前，衝我喊了一句：「嗨，你在操作什麼？」我只是隨口應承了一件事，因為，要

在生命中收到倫理邀請　　027

我怎麼跟你解釋我正在寫一本倫理學的書？你不會對倫理是什麼東西感興趣，也沒打算給我留出三分鐘時間講給你聽。也許你只是想告訴我你在那裡，可我怎麼會忘了呢——不管那時還是現在，你永遠都是我最親的寶貝，永遠都會在我心中佔有無人可以替代的位置！然後遠處不知誰喊了你一聲，你就掉頭跑開了，我只好在心裡想著你，手上繼續「操作」——直到十年後的今天，我才最終決定給你一個真正的答案。這奇怪的東西，倫理學，至今我仍埋頭其中。（15-16 頁）

3

寫書時，心中最好有一個、或一群想像的讀者（imaginary reader），下筆就是傾談。Savater 寫《倫理學的邀請》，從頭到尾也是向他正當少年時期的兒子傾談。

我從沒有想過專門邀請我的兩個兒子做讀者。寫這書時，我想著的其中一個讀者是凱西，33 歲。她有兩個從兒時一起成長的好朋友，露絲和湯米，都已在多次捐贈之後去世。他們三個都是「複製人」，與一批一批的同類被複製來到世界，只是為了用於器官捐贈，並不享有什麼自主權。這是諾貝爾文學獎作家石黑一雄的小說《別讓我走》（Never Let Me Go）裡面的人物，因為她很真實，就做了我心中的讀者。

《別讓我走》的故事骨架是「複製人 × 器官捐贈」，但石黑一雄不是在寫科幻小說，也沒有道德說教。他寫的是人怎樣對待「他

者」，如果「他者」是為了功利目的而被社會製造出來的複製品，他們除了接受宿命，有沒有自主的可能？能怎樣真實地生活？

小說尾聲有一段對話，相信石黑一雄是讀過資料才寫得出來，那完全就是生命倫理學在上世紀中期冒起的情境。凱西和湯米一同去尋訪從前的校長，希望延遲做器官捐贈者的註定任務。他們以為，像傳說中那樣，真心相愛的人有可能感動那些把自己帶來世上的大人們，可以爭取延遲捐器官的日期。凱西生性平和，也不禁質問這個大人：「你們怎麼可以這樣對待我們？」

這位前校長有一絲懊悔，但也有一番現成的解釋：

> 「從妳今天的角度來看，凱西，這個疑問是完全合理的，不過妳得試著從歷史的角度來看待這件事情。戰後五零年代初期，科學上一個個重大突破迅速地出現，社會沒有時間加以評估或是提出明智的問題。所有全新的可能突然一下子擺在眾人面前，所有那些可以治療過去不治之症的方法，這才是最受世界矚目，也是這個世界最為渴望的啊！……等到大家開始關心……一切都已經太遲了呀，情勢無法逆轉。妳怎麼可能要求這個剛才把癌症當作可治之症的世界回到過去的黑暗時代呢？」
>
> （石黑一雄著，張淑貞譯，《別讓我走》，西周出版，2016，320-321 頁。）

從五、六十年代開始，嶄新的生物醫學、生命科學的突破真是層出不窮。人怎樣出生、怎樣病、怎樣死，都在不斷被科學與新科技

重塑。舉例說，從前你的至親臥病住進醫院，你就不會面對像今天這麼多而複雜的抉擇。

我屬於二次大戰後嬰兒潮的其中一員，這註定了在我生命軌跡上一定會碰上嶄新的生命倫理課題。

在構想中，這應當是一本關於如何看待生命的書。我想好好說一些生命倫理的故事，不說教——讀者要思考多少，隨願而行就好。

4

在初稿快將完成時候，2018 年 11 月底有一個盛大的人類基因組編輯國際峰會在香港舉行。世界各地一流的科研人員，還有一些生命倫理學者，雲集香港大學，交換最新的研究進展。他們也準備匯集共識，畫出未來方向：編輯人類基因組的實驗，要如何畫出合乎倫理原則的路線？有沒有需要劃定道德的邊界？

峰會前夕卻爆出一個震撼的消息，令香港忽然成為震央。消息傳出，峰會一位講者南方科技大學副教授賀建奎的團隊，率先使用近年炙手可熱的 CRISPR-Cas9 技術，全球第一雙經過基因編輯的嬰兒經已在深圳誕生。他宣稱，這項試驗在兩個女嬰的胚胎階段，成功為其中一個刪剪掉一組名為 CCR5 的基因，有望增強對愛滋病毒 HIV 的免疫力。另一個女嬰的 CCR5 基因則被局部剪掉。

賀堅持自己的團隊只是走在時代之前。所謂踩過了道德倫理的界線，他認為只是人們一時間難以接受。然而這個試驗觸發國際近乎一致的譴責，他的研究計劃也馬上被國家叫停。

本書的稍後部分我們再回頭看這個聳人聽聞的試驗。至 2019 年

初，事件仍在「現在進行式」。生命倫理的課題不是一次過的，有些爭議發生在六十年代，到今天又再回頭成為爭議。科技是否讓人扮演上帝？如果是在扮演上帝又有什麼問題？這一類問題，來到「基因編輯嬰兒」，都顯得老氣了。

5

書名有「四季大廈」在裡面，這在我是自然而然的：生命有如四季，倫理學則是一種理性建築，有如大廈。而且，我在少年時代真的住過「四季大廈」。

那也是六十年代。1961 年，香港政府宣佈把荃灣發展為新界第一個衛星城市。1964 年，我家從深水埗區搬遷到荃灣，其後我們輪候到公屋，就是「四季大廈」，香港房屋協會興建的，現已拆卸。

四季大廈有四座，以春夏秋冬命名，依次是春明樓、夏雨樓、秋趣樓和冬隱樓。四座的名字都溫文爾雅，帶有五十年代的文化氣息。我家住秋趣樓，單位面積約 40 平方米，因為兄弟姊妹眾多，爸媽有時睡在鄰街小舖頭的閣樓。我在這兒住了六年，至 1974 年赴美留學。

對四季大廈的最後回憶是中學預科時，在門口走廊養大白鼠，那是生物科目解剖用的，買白鼠很貴，索性用鐵絲籠子在家繁殖，大小白鼠吱喳打架，又有異味，鄰居不勝其煩。

6

　　我對生命倫理學的興趣是在九十年代開始的，那段故事也與中文大學有關。其時中文大學學者李瑞全、邵鵬柱、葉保強、文思慧（2013年去世），與其時城市大學余錦波、香港大學法律學者廖雅慈等人共同籌備創立香港生命倫理學會，葉保強從我在《明報》副刊的專欄文章見到我談醫療倫理，邀我為創會委員。隨之加入的還有兒科與遺傳學專家林德深醫生。生命倫理學在九十年代已經是西方的「顯學」，在香港沒有成為氣候，生命倫理學會能量很小，但是多年間連結了一些有心的朋友，在當時也讓香港不致完全從國際上缺席。

7

舊石硤尾徙置區（香港電台《香港歷史系列 III》）

寫這本書需要一個骨架。我借用一首小詩裡面的十個字為全書十章點題，結構以圖表展示如下。這結構圖的行列深淺相間，便讓我想起小時候家居附近的「七層大廈」徙置區屋邨。九歲以前，我家住深水埗一間前舖後居的小店，離石硤尾邨只有三個巴士站。姊姊會帶弟妹來照片中的小遊樂場玩，記憶鮮明。

前言	在生命中收到倫理邀請
「生」	生之波瀾：避孕、體外受孕
「命」	性命攸關的抉擇
「誠」	生物醫學研究的誠與信
「可」	可與否：墮胎的爭端
「貴」	昂貴稀有的醫療
「自」	個人自主：知情同意、自主
「由」	眾人自由：公共衛生與社會規範
「價」	價值觀、存異
「更」	更強的生物科技
「高」	高峰，高處不勝寒？

8

各章點題的十個字來自一首小詩。讀者應該熟悉這首詩，它是有關生命和自由的取捨。原詩句子不是「自由價更高」，是「愛情價更高」。不過，詩人的最終結論還是以自由為最重要。

採用網上資料介紹一下這首小詩。詩是匈牙利愛國詩人 Petöfi Sándor（裴多菲，1823-1849）的作品，淺白像歌謠，但很能感染，深入民心成為一首革命歌。詩的英譯：

Liberty and love

These two I must have.

For my love I'll sacrifice

My life.

For liberty I'll sacrifice

My love.

民國時期左翼詩人殷夫（1910-1931）將此詩譯做中文，完全不同的時空，一樣膾炙人口：

生命誠可貴，

愛情價更高；

若為自由故，

兩者皆可拋。

Petöfi Sándor 是一個激進詩人，1848 年 3 月，匈牙利人民爆發革命反抗奧地利哈布斯堡王朝，Petöfi 是革命的精神領袖之一。當匈牙利地方議會宣告成立共和國，奧地利王朝和俄國聯軍閃電攻入匈牙利。Petöfi 投身戰役，一去不返。死後，有人稱譽他為「自由主義的愛國詩人」，但他追求的是匈牙利人的自由，與西方現代的個人自由不是同一回事。

詩人殷夫比 Petöfi 更短命，他在上海龍華監獄被秘密處死時只有 21 歲。一起被殺的作家合共五位（被害的還有非作家人士），他們都是魯迅愛惜的年輕人。死後二十多年，他們得到「左聯五烈士」

的美名。

　　殷夫與 Petöfi 執著自由，甚至捨棄生命。這也可以連繫到生命倫理學的一個主題：關於生命的抉擇。生命倫理學關注生命：自己的和其他人的生命；倫理抉擇的前提是自由 ，沒有自由就無所謂道德取捨。三思而後抉擇，這就是生命倫理的邀請。

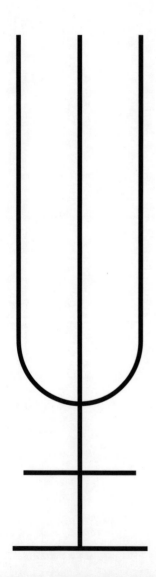

第 一 章

生之波瀾：避孕、體外受孕

本書十章分兩部分，用「生命誠可貴」「自由價更高」十個字點題，或者會引起聯想，以為作者偏愛自由主義。不是的。

我看生命倫理的問題，不會很快就執著一個特定的觀點。大致上我是害怕教條主義的，尤其是挾著強勢權力的教條。我覺得人的自由、顧及他人、尊重生命，都是基本價值。我對人類善用醫學和科技有一些想法，覺得人的生老病死最好不要任由醫學科技主導。

9

交待一下個人的歷程。我唸的中學喇沙書院是天主教學校,上了很多年聖經課。我沒有成為教徒,但在年輕時有類似性靈感動的經驗。大學時期思考人生,我修讀了一點西方哲學,閱讀的興趣卻移向了中國哲學。八十年代初返港後,醫事工作之餘讀過些佛學。我的工作在醫務,實踐中不能太哲學化,有時在報刊專欄寫一些反思與體會,也常常是社會性多於哲學倫理。我不大樂意執著一個特定的觀點或歸類於一種主義,一半是因為這些駁雜歷程,一半可能是性情。

我在書的結尾,第 115-116 節,談了一下自己怎樣思考複雜的生命倫理問題。如果讀者心急好奇,可以馬上跳到這最後的兩節,但最好不要吧,還是從頭說起較好。

生命有如四季,春天的象徵是生育。與生殖有關的問題是生命倫理學的熱烈起點,第一個題目是人工避孕。小小的避孕藥丸在六十年代激發巨浪。

這是西方社會急促世俗化、權利意識抬頭的時代。1960 年,美國食品藥品監督管理局(U.S. Food and Drug Administration,FDA)核准避孕藥銷售。有了口服避孕藥,女性可以自主避孕,這助燃了婦女解放和性解放運動。

2010 年,避孕藥問世的 50 週年,《時代》雜誌有紀念專題,說避孕藥「把人際關係的一屋傢俱完全搬動了。」(rearranged the furniture of human relations)。

避孕藥問世，受到最大衝擊的可能是羅馬天主教會。

梵蒂岡一直堅守立場，堅持生育與性愛不可分割，即使是男性使用安全套也視為罪惡，直至近年才稍為有點鬆動。愛滋病現在有藥可治，但在八十年代是世紀絕症；寨卡病毒近年在南美洲流行，引致嬰兒「小頭症」。面對這些可以透過性接觸傳染擴散的可怕疾病，即使只為保護孩子，也不能一刀切禁止使用安全套。

美國歷史學家 Donna Drucker 在 2018 年 9 月《時代》雜誌的一段訪問中指出，在整個十九世紀，天主教對信徒的避孕行為本來是隻眼開隻眼閉的，教徒只要坦承「罪行」，那就沒有大礙。直至 1930 年，教宗庇護十一世發佈名為《聖潔婚姻》（Casti Connubii）的通諭，天主教首次正面宣示其對婚姻、家庭與避孕的態度。教廷認為，性愛唯一的目的就是生育，只有禁慾是唯一認可的節育方式。保祿六世在 1968 年發表《人類生命》（Humanae Vitae）通諭，強硬地再次確認這個方針。這以後，不少教士、修女和教徒試著進言，指出對於無力負擔生子的家庭及患病的女性來說，避孕藥丸也可以具有正面影響，教會不為所動。另一方面，九成的美國天主教徒卻贊同使用人工避孕措施。

10

在美國，從六十年代起，法院逐漸成為生命倫理爭議的戰場，無論在人工避孕、墮胎還是終止維持生命的治療，法庭的裁決和判詞取代教會權威，或者是在某程度上填補了因教會權威受損而形成的道德真空。

1965 年，最高法院就一宗訴訟下裁決，對婦女自主避孕的憲法權利一錘定音。背景還是 1960 年 FDA 批准使用口服避孕藥。雖然避孕藥可以公開銷售，但在這裁決之前，許多州分仍然有法例禁止節育，有些容許私人執業的醫生處方，但禁止公立診所用藥。康涅狄格州有最嚴格的法律，任何人被判分發或使用避孕藥罪名成立，可判處入獄一年。1961 年，康涅狄格州計劃生育聯盟（Planned Parenthood）的行政總裁 Estelle Griswold 挑戰法例，特意在州內開設了一個節育診所，不久就被逮捕、審判、定罪和罰款。

她向最高法院提出上訴。法院裁定，人民的「婚姻隱私權」受憲法保護，國家法律「禁止使用任何藥物、藥用物品或器具以預防受孕」是對人民的憲法權利的侵犯。

在這案件裁決的幾天內，一些州就修訂了法例，儘管有些地方還留有一定的限制。但此案的裁決只適用於已婚夫婦。未婚人士的避孕權利要等到七年後另一次法院判案，才獲得承認。

11

天主教會對節育問題的訓示，在 1962 年召開的第二次梵蒂岡大公會議（稱為「梵二」）曾被仔細檢視。「梵二」舉行了足足三年，來自世界各地的主教、樞機、修會領袖和神學家，近 3,000 人參與。對上一次梵蒂岡大公會議已是 1869 年，因此「梵二」大會乘載了許多信徒對教會改革與現代化的盼望。教會在節育問題會否放寬，也成為一個大焦點。

「梵二」有不少改革成果，但是在人工節育的問題上寸步不讓。

從 1963 至 1978 年擔任教宗的保祿六世被視為教廷的改革者，他帶領天主教會完成「梵二」的多項現代化決議。保祿六世受人愛戴，上任不久他便決定放棄象徵教宗權力的寶石三重冠，把皇冠拍賣，將所得用來救濟窮人。

也因此，當保祿六世在 1968 年發表《人類生命》通諭，重申教會禁止人工節育的立場，就觸發內外不滿。有些神父決定離職，修女還俗。在美國和英國，不少神學家和原本有深厚信仰的學者，陸續與教會分道揚鑣，在世俗化的社會發聲和建立對話，一些人成為生命倫理學的先驅。

與香港有淵源、在梵蒂岡教學的譚傑志神父（Rev. Father Joseph Tham，也是醫生）回顧了那不平靜的年代：

> 教宗保祿六世的《人類生命》通諭（'*Humanae vitae*'，發表於 1968 年 7 月 25 日）宣告教會的信仰是禁止使用避孕方法，為傳統教義與世相關的倫理辯護，論點是基於避孕違反人性和自然律。這在教會內外引起負面回應，若干倫理神學家和歷史學家均對之作出批評，天主教會因避孕的討論而遭受到非常大的挫折，聲譽受損。

避孕藥引發巨大波瀾，教會內異議紛起。也不僅是羅馬天主教會，還有新教和英國聖公會。

生命倫理學在六、七十年代的興起，最初並不是學術性或學科的發展。當爭議出現，社會需要對話，引領對話的一些重要人物包括與教會漸行漸遠的學者，其中有兩位需要特別介紹。

Dr. Andreé Hellegers（1927-1979）是婦產科醫生、美國喬治城大學校長、虔誠的天主教徒；他曾經加入教廷的節育委員會擔任顧問。委員會的角色，是向教宗提出對避孕藥的道德觀點。他對《人類生命》通諭堅持禁止人工節育感到非常失望，轉向另一方面發展。1971年，他得到甘迺迪總統的妹妹 Eunice Kennedy Shriver 與丈夫 Sargent Shriver 的支持，贊助大學成立一個嶄新的倫理學研究所，特別關注與生殖課題相關的倫理問題。在會面商討階段，他們自創了「bio-ethics」這個名詞，以反映生命倫理學需要嶄新的研究和討論。從這個願景開始，中心逐步發展為現今的甘迺迪倫理研究所（Kennedy Institute of Ethics）。

另一個人物 Daniel Callahan（1930－）常被尊稱為「生命倫理學之父」，被視為美國的（也可以說是世界的）生命倫理學的奠基人。Callahan 在六十年代於哈佛哲學系取得博士學位，畢業前後他在天主教刊物 Commonweal 任編輯，尤其關注社會、文化、價值觀的課題，包括避孕和墮胎觸發的嚴重社會爭議。在六十年代末，他發表一系列從正反角度辯論墮胎的文章，超越了基督教保守派與自由主義個人權利對立的兩極思維，因而嶄露頭角。1972 年 Abortion: Law, Choice and Morality 一書出版，奠定了他在生命倫理學的獨特地位。

Callahan 是入世的倫理學家，打從攻讀博士階段就已經不甘於囿

限在當時學院裡的道德哲學和純粹的邏輯理性分析思辨，反而關心社會性的議題。他晚年常開玩笑說，在哈佛哲學系是一段糟糕的經歷。進哈佛之前，他未有做好資料搜集，不知道當時哈佛哲學系是以牛津劍橋的分析哲學為尊。他想研究的問題總是關乎人生和生命存在。在課堂上，教授認為他的問題不值得回答，他提出質疑，事後被召到教授辦公室去「談話」。他的博士論文提案兩次被導師拒絕。

1969 年，Callahan 已是多個孩子的父親，39 歲才來「創業」，與精神科醫學教授朋友 Willard Gaylin 在所居的河畔小鎮 Hastings-on-Hudson 共同創辦一所獨立的民間倫理學研究中心，Hastings Center。這是全球第一所因生命倫理課題而創立的民間研究中心。

我現在工作的香港中文大學生命倫理學中心在 2015 年創立。中心在創立階段，曾經邀請 Hastings Center 獻策定位。生命倫理學中心的贊助人是鄭維健先生，他曾任 Hastings Center 的董事會成員。這些淵源也促成了中心與 Hastings 的一些交流計劃。

13

早期的生命倫理學爭論常與生育繁殖有關：人工避孕、自主墮胎、「試管嬰兒」。這一條主軸日後再衍生代母懷孕、複製胚胎，以至新近的人類基因編輯爭議。

生命科學特別是分子生物學以及醫學方面的突破，從二十到二十一世紀高速前進，新事物令人目不暇給，傳統道德訓示似乎無力提供指路明燈。公眾常常樂意相信科技進步基本上是會裨益人類，當出現倫理爭議，假以時日社會也會習以為常。「試管嬰兒」是第一個

例子。

　　人類歷史上第一個「試管嬰兒」名為 Louise Brown，在 1978 年 7 月 25 日出生。「試管嬰兒」的名稱不準確──胎兒並不在試管裡成孕，而是經由人工體外受孕（In-vitro Fertilization，IVF）的技術輔助。卵子在一種稱為培養皿（Petri dish）的透明小碟子裡受精，培養四、五天再植入母體子宮，成功的話才算「懷孕」。由於「受孕」步驟在實驗室裡進行，而且要用上培養皿養胚胎，這不但破天荒，當時真是震動社會，是一次道德地震，羅馬教會與新教教會反應強烈。

14

　　往上追溯，故事還可以從生物學家怎樣醉心研究精子與卵子的結合講起。那是十八世紀下半葉，有一個很特別的關鍵人物 Lazzaro Spallanzani（1729–1799），本身是一位意大利天主教修士。在那個時代，羅馬天主教會並不擔心生物學的探索正在揭開生殖的奧秘。當時沒有誰會想像得到，生殖科學一旦應用起來，就會打開麻煩的倫理盒子！

　　Spallanzani 是實驗生物學家，他設計了一個聰明實驗，要破解青蛙如何繁殖這個難題。

　　早一個世紀，荷蘭科學家 Antonie van Leeuwenhoek 手製的單鏡片顯微鏡已能觀察到的人的精子。我在《醫院筆記：時代與人》書中（香港三聯，2015）記述過這個有趣人物。他也是一個布簾商人，沒有上過大學，但鑽研改良顯微鏡，成為「現代微生物學之父」！

　　顯微鏡底下，精蟲像蝌蚪在游泳，但是人們以為這只是身體內

的寄生物，不知與生育有關。有關胎兒從何而來，當時「卵子派」學說（ovist）佔了主流。這些學者以為，既然胎兒來自母親，一定是有種子收藏在母體的卵子裡。有些「卵子派」學者甚至堅信，微型的生命體是像俄羅斯娃娃那樣，一個接一個封存著：母體裡有微型胎兒，雌性胎兒體內又有更微型的另一個胎兒等著出生；出生了又有另一代的微型胎兒在體內……。經過 Leeuwenhoek 和其他人對精子的觀察，漸漸興起了「精子派」（spermist）。他們主張胎兒是來自精子，與卵子無關。

「卵子派」也好「精子派」也好，都是理論猜想而已，而 Spallanzani 修士就動手去做實驗。他的設計也很妙：為雄性青蛙製作緊身的「褲子」，阻止精液抵達雌性青蛙卵子，再觀察這是否影響受孕。他證明了需要卵子、精子相結合才能成孕，缺一不可。

15

在 Spallanzani 進行雄性青蛙穿「褲子」的實驗之前，中西民間早已使用各種物料製造供男人使用的「安全套」，西方有使用羊腸，中國使用絲綢，這些最初很可能是為富裕階層的男士提供性病的保護，未必是為避孕之用。不過到了十七世紀文藝復興時期，羊腸和膀胱物料製造的安全套已經用於避孕，英國的生育率隨之而顯著降低。

十九世紀，美國輪胎生產商 Goodyear 以嶄新的硫化橡膠技術生產安全套，普羅勞工階層也可以廉價地避孕了。

這仍是基督教主導美國社會的年代，聯邦政府的回應是：立法阻截安全套避孕之風蔓延。1873 年美國通過法令，禁止任何通過郵

寄方式販賣避孕套，也禁止向公眾賣避孕廣告。

　　反對安全套的政策卻令美國付出沉重代價。第一次世界大戰期間，德國軍隊使用了安全套預防性病（德國另自發明浸漬技術，使避孕套變得更薄、更便利使用），美國和英國就禁止軍隊使用，結果是，戰後國家需要面對大量染上梅毒和淋病的士兵。第一次大戰後在二十年代，科技再進一步，發明了乳膠（latex）。這全新的物料有很大的抗拉力強度，可以伸展到八倍也不會穿破。二戰後，美國和歐洲國家終於開放批准避孕措施，禁止郵寄販賣避孕套的法令在執行上也逐漸變得寬鬆了。

16

　　Spallanzani 還在狗隻試驗過人工授精（artificial insemination），但是還要多等大半個世紀，法國的婦產科醫生才正式使用人工授精方法，令一雙不孕夫婦成功生下嬰兒。

　　來到現代，科技前進，冷藏精子的技術出現，之後發展從女性身體擷取卵子的技術，這之後就是 IVF。精子、卵子庫的設立，不單用於治療不孕，也提供了研究的「材料」，開啟無窮的可能。這在下面再談。

　　回到「試管嬰兒」的話題。1978 年 Louise Brown 的誕生，對天主教徒是晴天霹靂。

　　這個消息從英國傳到世界，反應兩極。有人歡呼科技突破造福不孕的人群，而激烈的反應來自教會和信徒，這與六十年代避孕藥面世的衝擊是一脈相承的。

Louise 是生理學家 Robert Edwards 和婦產科醫生 Patrick Steptoe 合作的成果。Edwards 後來被譽為「試管嬰兒之父」，早在 1970 年，Louise 出生之前八年，Edwards 的研究團隊已成功讓動物胚胎在體外發育到 16 細胞階段。在人體的試驗卻是困難，如何取得活卵子而不損及卵子及母體？他花了多年時間屢敗屢戰，據說失敗 300 多次，最終得到 Steptoe 的出色技術協助，以腹腔鏡手術取卵，才把 Louise 帶來世上。

Louise 在英格蘭曼徹斯特附近一個名叫 Oldham 的小鎮剖腹誕生。當時醫院如臨大敵，剖腹生產手術安排在醫院最隱蔽的手術室進行，通往手術室走廊的燈都關掉，護士拿著手電筒把準媽媽推到手術室。醫院裡只有幾個人知道全球第一個「試管嬰兒」將要在這裡出世。政府派員警嚴防閒人和記者。

這次生產還是經政府特別批准的。把精子和卵子注入實驗室儀器內結合並不是自然的事，剖腹取出來的嬰兒會是正常還是一個科學怪胎？Louise 在呱呱墜地之前，已經接受了 60 個不同的測試，以確保她是健康的。當她在狹小的手術室正常地放聲啼哭，整個醫療團隊為之舒 一口氣。

17

37 年後，Louise 出版自傳，講述自己的出生和成長。在書中她憶述母親當年收到麻包袋那麼多的「仇恨」郵件（hate mail），謾罵侮辱威脅恐嚇兼而有之。一封信寫著「試管嬰兒保用卡」，潑上血紅液體；有人創作一本「變態指南」，內有一條：「你可以把試管嬰孩

養在馬桶或魚缸裡。」有一個郵包從美國三藩市寄來,漂亮的首飾盒看似禮物,裝的卻是一支打碎的試管、血紅液體和塑膠胚胎。

2007 年,已 29 歲的 Louise 自己做了媽媽,不需要 IVF 輔助,是自然懷孕,產下兒子 Cameron,這又是全球新聞。一個經 IVF 誕生的女人能正常生育嗎?這不只是八卦新聞而已,包括把 Louise 帶到世上的生理學家 Robert Edwards 和婦產科醫生 Patrick Steptoe 都在等著這一天,確認他們發明的技術對胎兒成長無損。Louise 在 38 歲生日時出版自傳,並接受傳媒訪談,她說,在成長階段常被人視為異乎尋常,自己也是做了母親之後,好像才真正被社會視為「正常人」。

18

教會強烈反對任何 IVF 試驗,但沒有苛責 Louise 的父母。有反應激烈的信徒要求教廷發表聲明譴責他們,當時紅衣主教 Albino Luciani 是候任教宗,他沒有順從。作為候任教宗,他不贊同 IVF,但他並不認同憎恨。對於不孕的夫婦熱切渴望得到孩子,他展示了悲憫和同理心,平和地說:「他們無非是想生個孩子。」

不久,Luciani 就任為教宗約翰保祿一世。不幸地,他就任只有 33 天便因不明原因遽然逝世。

Louise 的出生令 Edwards 和 Steptoe 譽滿全球,也令 Edwards 長期受教會批評。Steptoe 在 1988 年去世,到 2010 年諾貝爾獎評選委員會把醫學獎頒給 Edwards,他未能共同獲獎。這時 Edwards 也患上認知障礙症,不能「享受」這項榮譽了。他在獲獎兩年後去世。

評選委員會讚揚 Edwards 的研究成果為全世界不孕者帶來喜悅,

是現代醫學發展的里程碑。Edwards 獲頒諾貝爾獎時，全球有 400 多萬名嬰兒經 IVF 出生，算到今天，數目已經倍增。

梵蒂岡的「宗座生命學院」（Pontifical Academy for Life）院長 Ignacio Carrasco de Paula 嚴厲批評，諾貝爾獎頒給 Edwards 是「完全錯誤的」（totally misplaced）。他並不否認 IVF 在醫學上是嶄新而重要的篇章，但是指出評選委員會完全漠視 IVF 技術引發的道德問題。Carrasco 主教說，若非有 IVF 的發明，就不會在日後出現買賣人類卵子的市場，也不會有胚胎被用來做科學研究的材料，又或者被冷凍起來和被遺棄。他批評 IVF 造成倫理混亂，一個孩子可以有四或五個父母，嬰兒又可以由祖母誕生，認為 Edwards 是始作俑者，要為造成日後的倫理混亂負責。

Louise Brown 是「英國製造」。在她出生這一年，美國的醫學家也快要成功了。Howard Jones 和 Georgiana Jones 夫婦在 1978 年從約翰・霍普金斯大學退休，隨即在維珍尼亞州的東維珍尼亞醫學院籌建了美國第一間生殖醫學研究所，展開體外人工受孕項目，在 1981 年帶來美國的第一個 IVF 嬰兒。

19

美國社會在墮胎問題上面長期嚴重撕裂（見本書第四章）。Jones 夫婦的 IVF 項目從一開始就捲入激烈爭議，成為狂熱反墮胎人士的眼中釘。有一篇譯文鮮明地描述了那情境。節錄其中一節：

> 瓊斯（Jones）夫婦熟知針對不育治療的反對的聲音，

也熟知所謂的試管嬰兒恐慌。但是，沒料到是他們的研究竟成了勢頭正勁的反墮胎運動的導火線。畢竟，這項研究不會造成意外懷孕，而是利用科技，幫助那些急切想要孩子的人。

1979 年萬聖節那天，一場聽證會在佛吉尼亞州立衛生協調委員會（Virginia Statewide Health Coordinating Council）舉行。原本一場目的明確，走走過場的會議，會場卻擠滿了聽眾。場外，反墮胎人士也聚集一起，宣揚體外受精這項新技術可能帶來的恐怖的後果。

「那些預言簡直不可思議，」瓊斯在回憶錄中寫到，「抗議者居然說體外受精一定會助長亂倫、人獸雜交等等，以及其他令人觸目驚心、難以置信的事件。」

這不是瓊斯第一次在反墮胎運動的對話中感到迷失。瓊斯今年（2015 年）7 月 31 日去世，享年 104 歲。從他逝世到舉行聽證會的這些年間，就墮胎的公眾討論幾乎沒變過……。

1984 年 11 月，Jones 夫婦應邀出席了教皇科學院（Pontifical Academy of Sciences）的研討會，獲熱情的接待，他們十分期待與反墮胎人士進行誠摯討論，卻大失所望。作為科學家，Howard Jones 確信問題的關鍵在於確認「生命從何時開始」。日後他在著作中幾次寫到這次研討會，說完全無法理解，教廷的與會者絕口不討論這個關鍵問題。這其實不難理解：在天主教立場，生命是從卵子受精一刻開始，毋庸討論。

教會對 IVF 帶來了「銷毀剩餘胚胎」（見第 22 節）的問題尤其感到不滿，認為等同墮胎。Jones 覺得銷毀剩餘胚胎無論如何不能與墮胎混為一談。損失或丟棄一些受精卵，只是一小團細胞的死亡。他渴望向世人說清楚這觀點，100 歲時仍孜孜不倦地整理科學、宗教和法律史的文獻，在 102 歲時更自費出版了一本書 *Personhood Revisited*，期望引發討論，糾正誤解。這本費盡心思的書命運很寂寞，沒有多少人問津。現今在 Amazon 網站上有售，是一本冷僻書。

20

　　「Personhood」翻譯做「人格」，是熱門的哲學題目，但這與日常用語講的人格（personality）不同，是在探討「人之所以被視為人」這個概念。植物人還有沒有 personhood？嚴重認知障礙症病人呢？胚胎漸成胎兒，何時起成為人？

　　Jones 以 102 歲高齡還出書，期望世人認真討論。他的基本觀點其實並不需要洋洋萬言說明。從胚胎學角度，受精卵子一分為二、二分為四、四分為八⋯⋯，先成為細胞團，第四、五天發展為「囊胚」（blastocyst），第 14 天以後開始出現兩側左右對稱的中線，稱為「原痕」（primitive streak，又稱為「原條」或「原線」），這是鳥類、哺乳類、爬蟲類等動物早期胚胎具有的構造，對往下的細胞移動和排列扮演重要的中線的角色。因此，原痕可以視為從細胞團 / 囊胚階段踏進成形的胚胎的起點。學者因此認為，受精後 14 天以前，可以稱為「前胚胎」（pre-embryo）。這些分期並非為了支持 IVF 與處理剩餘胚胎的辯護提出來的，是科學的觀察，但胚胎解剖不可能解決宗教立場

的質疑。

基督教的主流觀點認為生命從卵細胞受精就開始，但是立場也並非有如鐵板一塊。羅馬天主教、東正教和南方浸信會（Southern Baptist）堅信生命從受孕開始，胚胎就應該被視為活生生的一個生命，任何人都無權剝奪。但是在英國，有聖公會主教認為，早期胚胎未成為一個獨特的個體，只是有潛力發展成為一個人，在第 14 天出現的「原痕」可以視為實用的分界線。教會的這個立場，有助英國立法容許 14 天以內的胚胎幹細胞研究。這也是當今國際上大多採納為規管用的分界線。

其他宗教信仰也值得一提，在猶太教傳統信念，胚胎是在成孕 40 天後才視為需受保護。在伊斯蘭教義，胚胎得到靈魂的時間是受精四個月後。毀壞神聖的胚胎是一種罪行，但是毀壞得到靈魂前的胚胎罪過較輕。在伊朗、埃及等伊斯蘭教國家，人類胚胎幹細胞研究是合法的，但也有一部分穆斯林反對胚胎幹細胞研究或對此表示擔憂。

21

Robert Edwards 發明了 IVF 帶來 Louise Brown，被 Carrasco 主教視為造成倫理混亂的罪魁禍首，這在普通人看來未免言重。不過，科技發明的確有可能被缺乏節制地使用，IVF 會衍生倫理混亂的問題也不是憑空想像。例如 2011 年，芝加哥一個 61 歲母親代不孕的女兒誕下三胞胎，這是嬰兒由祖母誕生的最高齡案例。今時今日，代理孕母（surrogate mother，簡稱「代母」）在不少國家已經合法化，一個孩子有五個「父母」（不孕而求醫的夫婦、捐精者、捐卵者、加上「代

母」），也不是不可能的了。

撇開宗教立場，頒諾貝爾獎給 Edwards 也不是完全沒有可議的地方。在 1978 年，Louise 的父母其實是 IVF 的試驗對象，Edwards 和 Steptoe 有沒有採用合乎規格的人體試驗的知情同意（informed consent）步驟？回頭看，答案似乎是否定的。以嚴謹標準量度 Edwards 和 Steptoe 的研究試驗的倫理，恐怕並不合格。

還有是 IVF 對母親和嬰兒的健康有沒有不良影響，在當年也是未知的事。近年興起一個稱為「後成遺傳學」（Epigenetics）的研究方向，研究卵子受精後至胚胎成長階段，一些環境因素對遺傳基因的正常表達有何影響。受了精的卵胎（zygote）在實驗室的培養液中養著的那幾天，對 DNA 似乎是有一些甲基化（DNA methylation）的影響。這有沒有大礙？ IVF 懷孕誕生的嬰兒較多是多胞胎，併發症稍多，而且成年後較大機會患上糖尿病和癡肥症。但除此之外，目前大多數研究顯示 IVF 對嬰兒的不良影響不大。相比之下，接受 IVF 的母親承受的身心負擔可能更需要關注。Louise 的父母無疑喜獲女兒，但是之前幾百對夫婦接受試驗，失望而回，身心經受了多少折磨，並不是傳媒報道的焦點。

22

IVF 以及代母問題可引致一些倫理關係的混亂和疑慮，但這些問題可能還不及「剩餘胚胎」（excess embryos）的問題實在。

「剩餘胚胎」是怎樣出現的？在每一輪 IVF 受孕的嘗試，醫生常用激素刺激女體的卵巢，以釋放多個卵子。每一輪刺激可以產生 15

個或更多的卵子，其中也許七至十個會成功受精，培養為早期的胚胎，再從中選兩、三個植入子宮（現今一些國家有規例，每次嘗試只准許植入一個，以防多胞胎的併發症）。額外的胚胎就冷凍儲存。

當越來越多的夫婦接受 IVF 輔助生育，製造的胚胎也越來越多，很多剩餘的胚胎就需要「被處理」。從第一個 IVF 嬰兒誕生至今，數以百萬計的嬰兒經體外受孕來到世上，那麼世界上也應有數以百萬計的「剩餘胚胎」被丟棄或需要處理。

未丟棄的「剩餘胚胎」可以放在冷藏庫裡一年兩年，但是始終要有個決定：丟棄還是捐贈？

捐贈的話，多數應是提供給其他不孕的夫婦「使用」。視乎當地法例，有些胚胎會供科學研究。

捐贈與否由誰決定？依合理原則，應先得到那對接受 IVF 輔助生育的夫婦同意，他們就要做困難的決定：丟棄？還是捐贈？

23

2008 年，杜克大學婦產科醫生 Anne Drapkin Lyerly 的團隊在《生殖與不育》（*Fertility and Sterility*）期刊發表了一份美國歷來最大型的調查報告。研究題目是有關不孕症患者對於如何處理儲存了的冷凍胚胎的態度。在美國，約有 60 萬人儲存有這類胚胎。調查發現，許多患者一旦不再需要這些胚胎，對於如何處理都感到困擾。

Lyerly 接受媒體 WebMD 訪問時說，調查結果有點出人意料。受訪者對於如何處理「剩餘胚胎」感到困擾，關心胚胎會如何處理，但普遍沒有非得讓胚胎變成小孩不可的想法。不孕的夫婦在開始接受治

療時，首先會關心能否成功懷孕，到治療完成了，如何處置多餘或不要的胚胎才成為難題，讓人心情矛盾。

在如何處理冷凍胚胎的問題上，人們多假設了，不孕的夫婦既然珍惜自己從輔助生育得到的孩子，應該多半會選擇將剩餘胚胎捐贈給其他夫婦。調查的結果卻相反：只有三分之一的受訪者會考慮將胚胎捐贈給其他不孕的夫婦；更多人會同意銷毀胚胎。五分之一受訪者表示在完成懷孕後還是會繼續冷凍他們的胚胎。

如果視胚胎為生命個體，應該不會願意銷毀胚胎；如果「囊胚」階段只是「前胚胎」，則無論是銷毀或用於科學研究，都可以接受。生命倫理學的第一道問題，的確就是怎樣看待生命。

24

IVF 是相對昂貴的治療，各地政府並不完全承擔費用。香港相當富裕，但大多數 IVF 是在私營醫療體系進行，公營醫療不會優先投放資源到 IVF 服務上面。無論如何，在多數現代社會，不孕的夫婦可以得到輔助生育，視為基本醫療權利。

天主教會當然並不認為生育是天賦人權。即使暫且放下宗教觀點，是否應該承認人人皆有天生的生育權利？這個問題並沒有容易的解答。

問題可以一圈圈地問。先問：「夫婦婚姻之外，同居的異性伴侶應否得到同等待遇？」在香港，法律只容許婚姻配偶進行人工受孕。這相對於其他國家地區較為保守，保守的基礎未必是特別針對 IVF 之類的人工輔助受孕方法，而是根本不承認同居伴侶可以與婚姻配偶

享有同樣的權利。例如同居伴侶不能領養小孩，也不能作為家人參與醫療決定。

擴充一下再問：「如果同居的異性伴侶可以得到平等權利，同性戀伴侶又可不可以用 IVF 方法生孩子建立家庭？」在女同性戀者的場合，如果生殖功能正常，只需接受人工授精就可以生育；如果輸卵管有病，這時就用得著 IVF。

在英國和澳洲，同性戀者可以接受 IVF，是法定的平等權利。

英國在 2012 年以前不准同性伴侶使用公共醫療的 IVF 服務，只許自費接受人工輔助生育，之後放寬了條例，同性伴侶使用 IVF 的數字隨即上升，僅 2012 年就有 700 多宗。法國是追求自由平等的國家，卻又有深厚天主教傳統，政府雖承認同性伴侶的各種平等權利，包括領養孩子，卻不容許他們以 IVF 方式生育下一代。

下一個問題是：「男同性戀者有沒有權利『生育』孩子？」當然男性沒有子宮，目前的科技也未曾發明人造子宮代人類懷孕，但是得到捐贈卵子和「代母」的話，男性同性伴侶也可以生育有血緣的孩子，從而建立家庭。

普通人在直覺上難以接受男同性戀使用 IVF 和代母「成家立室」，他們針對的也未必是 IVF 甚至是使用代母，可能是從根本上不接受同性戀者成家。

那麼，如果不是同性戀者，一個單身男士使用代母加上捐贈的卵子生育孩子，是否比較容易接受？

香港的《人類生殖科技條例》容許「非商業性而有遺傳關係的代母懷孕」，這只適用於已婚夫婦，單身男子不得請代母生子。無論是已婚夫婦抑或單身人士，都不可以付款使用商業代母，違法者可判監禁。

然而，在 2010 年，本港地產商李家一位公子就在美國透過代母傳宗接代，生下三個男嬰帶回香港，成為熱鬧的新聞。傳媒和讀者笑談「四叔抱孫」，傳宗接代是快樂新聞不是倫理問題。當時有議員在立法會質詢政府會否採取行動調查，但事件不了了之，因為李家並沒有承認在境外作商業代母安排，理論上，這可以是一個選擇不曝光的女朋友所生下的三胞胎。

換了是一個男同性戀者這樣從外地抱嬰孩回港，很可能不會得到同樣的疑中留情，儘管他們也是在「傳宗接代」。

新加坡有一宗官司，一名男同性戀醫生在 2017 年入稟法院，要求合法「領養」自己早前在美國聘用代理孕母所生的兒子，讓兒子成為新加坡公民。新加坡法律不允許代孕，人工受孕也只限於合法夫妻。法官駁回他的申請，批評他在美國做了在新加坡不被接受的事，再來以「孩子的福利」為理由要求法庭裁定合法，是無法被接受。

他不服上訴。2018 年 12 月 17 日，高等法院判決上訴得直，准許他與他的伴侶領養這個兒子。法官指出，新加坡不容許同性伴侶結婚成家，但在這個個案，首先應考慮孩子的福利，成為公民有利孩子在新加坡成長。

在泰國，一個年輕日本男子重田光時的過分行為震驚當地，迫使泰國政府立法禁止商業代母服務。2014年以前，商業代母在泰國是合法的。

重田光時是富二代，父親曾名列日本富商第五位。當年只有24歲的重田光時對記者說，計劃透過商業代母生育100至1,000名子女，因為他喜歡大家族。最終泰國警方追查到他透過代母生下的13名子女，未能證實的可能還有更多，但調查並沒有發現例如販賣嬰兒的犯罪行為。重田光時沒有被檢控，更向泰國法院申請13名嬰兒的撫養權，在2017年底獲判勝訴，可以把所有子女帶回日本。

在倫理問題，我們常說，合法未必就是合理。重田光時的個案就是好例子。大多數人在道德直覺上也會認為他太過分，但他也是在傳宗接代啊？為什麼一個單身男士抱三個兒子是快樂新聞，一個有錢人抱13個就有問題？新加坡那一對男同性戀伴侶使用IVF和代母生育一個孩子的問題大一些，還是單身的重田光時用代母生下13個嬰兒（可能更多）的問題大？每個人有自己的道德直覺，但很可能感到混亂。

或者說，重田光時是極端特殊例子，他想用商業代母生育100名子女可能是有心理毛病，但是，用盡科技來滿足個人慾望也是現實中的「人性」。無論如何，這樣用盡科技明顯並不屬於「天賦權利」。

生命倫理學並不是專門反對和質疑科技，但它會追問：這樣製造生命，是對的嗎？

而且，無論重田光時有沒有心理毛病，這個案提示了另一個具有普遍意義的問題：人類有足夠智慧善用科技嗎？

參考資料

節

9　Lily Rothman. "What to Know About the Surprising Modern History of Contraception", Time, 26 September, 2018; http://time.com/5405987/history-of-contraception/

10　Jeff Nilsson and Steven M. Spencer. "1965: The Birth Control Revolution", The Saturday Evening Post; https://www.saturdayeveningpost.com/2015/12/50-years-ago-the-birth-control-revolution/

11　Brian Liu，《天主教改革，從何變起？》，2018 年 10 月 5 日；http://www.cup.com.hk/2018/10/05/the-catholic-church-can-be-changed/

　　譚傑志著、廖潔珊譯，〈違反本性的同性戀行為和爭議〉，《神思》第 101 期，2014 年 5 月。

　　〈梵蒂岡第二屆大公會議的教會（1958-1980）〉，《天主教歷史淺談》第十章，梵蒂岡廣播電台；http://www.radiovaticana.va/proxy/cinesebig5/churchistory/storiaconcis/2storia74.html

　　〈方濟各讚揚為弱者發聲　教廷兩爭議人物同封聖〉，《星島日報》，2018 年 10 月 15 日；http://std.stheadline.com/daily/article/detail/1892257- 國際 - 方濟各讚揚為弱者發聲 + 教廷兩爭議人物同封聖

12　Fr. Joseph Tham. "The Secular Turn of Bioethics", Culture of Life Foundation, 7 March 2008; https://www.culture-of-life.org/2008/03/07/the-secular-turn-of-bioethics/

　　"The Kennedy Institute of Ethics at 40: History", The Kennedy Institute of Ethics, 28 October 2011; https://kennedyinstitute.georgetown.edu/news-events/the-kennedy-institute-of-ethics-at-40-history/

　　區結成，〈不受哈佛馴服──卡拉漢另闢倫理學蹊徑〉，《信報》，2017 年 7 月 17 日；〈Bioethics: 1970 年一個「生」字〉，《信報》，2017 年 5 月 15 日。

　　Luka Tomašević. "Bioethics in Catholic Theology and Scientific Bioethics", International Journal of BioMedicine, Vol 3(2), 2013, pp. 145-149.

14　Gary N. Clarke. "A.R.T. and history, 1678–1978", Human Reproduction, Volume 21, Issue 7, 1 July 2006, pp. 1645–1650; https://doi.org/10.1093/humrep/del067

15　Fahd Khan, Saheel Mukhtar, Ian K. Dickinson, and Seshadri Sriprasad. "The Story of the Condom", Indian J Urol, Jan-Mar 2013, 29(1): 12–15. DOI: 10.4103/0970-

1591.109976

Gary N. Clarke. "A.R.T. and history, 1678–1978", *Human Reproduction*, Volume 21, Issue 7, 1 July 2006, pp. 1645–1650; https://doi.org/10.1093/humrep/del067

17　Louise Brown, "The First IVF Baby, Reveals Family was Bombarded with Hate Mail", The Telegraph, 24 July 2015; https://www.telegraph.co.uk/news/health/11760004/Louise-Brown-the-first-IVF-baby-reveals-family-was-bombarded-with-hate-mail.html

"How has IVF Developed Since the First 'Test-tube Baby'?", BBC, 23 July 2015; https://www.bbc.com/news/health-33599353

"My Life as the World's First 'Test Tube Baby' ", News The Essential Daily Briefing, 13 October 2017; https://inews.co.uk/inews-lifestyle/people/ivf-40-louise-brown-life-worlds-first-test-tube-baby/

18　Martin H Johnson. "Robert Edwards: the Path to IVF", The National Center for Biotechnology Information; https://www.ncbi.nlm.nih.gov/pmc/articles/PMC3171154/

"British IVF Pioneer Robert Edwards Wins Nobel Prize for Medicine", The Guardian; https://amp.theguardian.com/science/2010/oct/04/ivf-pioneer-robert-edwards-nobel-prize-medicine

"Vatican Criticises Nobel Prize Win for British IVF Pioneer for being 'Completely Misplaced' ", Daily Mail Online; http://www.dailymail.co.uk/health/article-1317814/Vatican-criticises-Nobel-prize-win-British-IVF-scientist-Robert-Edwards.html

19　〈製造還是毀滅生命：他為試管嬰兒論戰三十年〉,《壹讀》, 2015 年 8 月 27 日；https://read01.com/dEy5n6.html#.WmvVWaiWaM8

20　Cynthia B. Cohen, David E. Guinn. "Religion, Public Reason, and Embryonic Stem Cell Research", *Handbook of Bioethics and Religion*, Chapter 8, Oxford University Press.

21　Roger Hart, Robert J. Norman. "The Longer-term Health Outcomes for Children Born as a Result of IVF Treatment: Part I–General Health Outcomes", *Human Reproduction Update*, Volume 19, Issue 3, 1 May 2013, pp. 232–243; https://doi.org/10.1093/humupd/dms062

23　"Unused Embryos Vex Infertility Patients", WebMD; https://www.webmd.com/infertility-and-reproduction/news/20081204/frozen-embryos-vex-infertility-patients#1

Anne Drapkin Lyerly et al. "Fertility Patients' Views about Frozen Embryo

Disposition: Results of a Multi-institutional U.S. survey", *Fertil Steril*, Feb 2010; 93(2): 499–509; https://www.ncbi.nlm.nih.gov/pmc/articles/PMC2828821/

24　"NHS Fertility Treatments Allow Two-mum Families to Reach Record Levels", The Independent, 27 March 2014; http://www.independent.co.uk/news/uk/home-news/nhs-fertility-treatments-allow-two-mum-families-to-reach-record-levels-9219415.html

　　"French Same-sex Couples Allowed to Adopt Children Conceived via IVF", Bionews, 29 September 2014; http://www.bionews.org.uk/page_456193.asp

　　"The Sunday Debate: Should Gay Couples Have Access to IVF?", The Daily Telegraph, 13 August, 2011; https://www.dailytelegraph.com.au/news/opinion/the-sunday-debate-should-gay-couples-have-access-to-ivf/news-story/5a5676d6b73125c2903e71b801f5ea63

25　"Singapore Court Allows Gay Man to Adopt Son in Landmark Ruling", Reuters, 17 December 2018; https://www.reuters.com/article/us-singapore-lgbt-court/singapore-court-allows-gay-man-to-adopt-son-in-landmark-ruling-idUSKBN1OG0K0

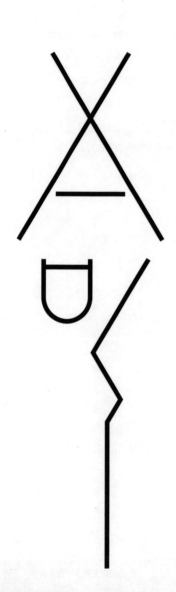

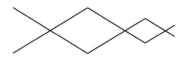

第 二 章

性命攸關的抉擇

醫學科技和倫理問題有孿生關係。人工生殖科技的出現觸動了根深蒂固的傳統價值觀,尤其是基督教。而且,科技開啟了許多新的門口,衍生一圈又一圈的生命倫理課題。

這些問題離開大眾的生活也許比較遠,畢竟需要為人工生殖科技的問題費思量的人並不多;這一章談生命另一端的課題,就與每個人有關。

27

　　醫療上的決定，當牽涉到與性命攸關的抉擇，往往有些沉重。這兒從一則安靜從容的新聞寫起。動筆寫這一章的時候，讀到新聞報道，92 歲的美國前總統夫人芭芭拉‧布殊（Barbara Bush）病情惡化，決定放棄接受「額外的醫療救治」（additional medical treatment）。前總統辦公室在 2018 年 4 月 15 日發表聲明說，布殊夫人已返回家中靜養，接受舒緩照顧和家居護理。她在兩天後逝世。

　　芭芭拉‧布殊受國民愛戴和尊重，稱為「人民祖母」。傳媒沒有過分挖掘暴露她晚期醫療的細節。據 CNN 報道，她患有慢性阻塞性肺病（chronic obstructive pulmonary disease，COPD）及充血性心臟衰竭（congestive heart failure，CHF），晚年多次出入醫院。之前她的病史還包括格里夫氏症（Grave's disease，一種由自體免疫力引起的甲狀腺機能亢進症）、胃穿孔（進行了手術）、心瓣膜嚴重狹窄（也動了手術）。2018 年她因呼吸困難入院，4 月上旬出院後不久，病情反覆再入院，我猜想或是肺炎未能清除。

　　眾人眼中積極堅強的芭芭拉曾在自傳中透露，中年時代，她曾經歷長時期的抑鬱症，最壞的時候每晚在其時主管中央情報局的丈夫臂彎裡飲泣，無法自拔。她還回想起，有時會在公路一側停下車來，因為忽然冒起輕生念頭，恐怕自己禁不住會故意撞上一棵樹或迎面而來的車。後來她全情投入義務工作，捱過難關。

　　筆者早年是老人科醫生，對這樣長長的病史有似曾相識的感

覺。從病史可以頗為肯定地推斷，芭芭拉‧布殊拒絕的「額外醫療救治」，包括不接受「心肺復甦術」（cardiopulmonary resuscitation，CPR），也應該包括拒絕使用人工呼吸機器（artificial ventilator）延續性命。這兩樣救命的法寶是在六十年代才興起的新事物，根本地改變了人類死亡的過程。

說「死亡的過程」聽來有些奇怪。救命的發明，不是為了戰勝死亡嗎？為什麼說「改變了死亡的過程」？因為雖有不少人得益被救活，但也有不少——可能是多數——病人是被動地接受了 CPR。末期病人在生命最後一程用呼吸機器續命，有時只是苟延殘喘。

世上像芭芭拉‧布殊一樣，嘗過許多哀榮苦樂和病痛的老人很多，多數沒有這前總統夫人那般有福氣，能夠及時和有意識地抉擇如何去世、在什麼地方去世。

我的意思不是說年老病人，或者患有末期器官衰竭的病人，只配使用保守「省事」的醫療方式。相反，我覺得他們應該得到更細心的照顧，才有機會像芭芭拉那樣，可以依意願作選擇。

28

心肺復甦術是五、六十年代的發明，先是在 1956 年發明了「口對口人工呼吸」，其後加上「體外心臟按壓」（external cardiac massage，俗稱「心外壓」），發展為一套現代的基本心肺復甦術。

美國心臟協會在 1963 年正式認可心肺復甦術。1972 年，全球第一個大規模心肺復甦培訓項目在西雅圖成立，頭兩年就有超過十萬人通過培訓，CPR 從此成為普及的基本急救術。

心肺復甦術在七十年代與多種醫學介入手段相結合，成為一套醫療人員使用的高級心肺復甦術。這包括以插管（intubation）通氣，使用心電圖監控、靜脈注射急救藥物、心臟除顫（cardiac defibrillation）電擊等。

　　CPR 本來是用來搶救意外和突發事故，例如溺水、觸電、中風、急性中毒或心臟病突發，漸漸就變成了對醫院病人的標準急救作業程式，幾乎每一個住院病人心臟停止跳動，都會想也不想地搶救一番。

　　問題或者就在這裡：CPR 對病人，尤其是老人，不是沒有傷害的，即便是看似簡單的插管動作，使用喉鏡撐開口腔插管時，遇上齒齦鬆動的長者，可能會壓斷他們的門牙。體外心臟按壓可引致胸骨壓斷、內臟破裂出血等併發症，本身有骨質疏鬆症的病人特別容易因 CPR 而受傷。

　　或者問，救命是千鈞一髮的事，哪還顧得上胸骨會不會折、門牙會不會斷落？那麼我們就要退一步問：不假思索的「套餐式」搶救到底有多少效用？病人有沒有拒絕 CPR 的權利？

　　CPR 並不是對所有病人都有用。在不少末期病患，CPR 恢復心跳的機率低於百分之一，即使心跳恢復，病人被接駁人口呼吸器，再施以深切治療，也可能只是延長走向死亡的最後過程。而且，如果病人並非即時被發現心臟或呼吸停頓，從開始 CPR 至恢復心跳之間，病人可能已有一段時間缺氧，令腦部受損。有些病人會變成依靠儀器維生的植物人。

　　早在 1974 年，美國醫學會（American Medical Association，AMA）已注意到 CPR 有被誤用和濫用的趨勢，醫學會在制訂指引時提醒，CPR 的主要目的在防止未預期的突發死亡，不應用於無法復

元的末期瀕死病患身上。

病人有拒絕 CPR 的權利。在本身病情和神志許可下,應給病人機會選擇。若是不予討論,眾人沉默,等到病人失去自主能力就去例行搶救,對病人並不公平,亦不尊重。

29

同是在 1974 年,美國心臟協會(American Heart Association,AHA)認同了美國醫學會的指引,提醒 CPR 不可一刀切用於所有病人,要考慮現實情境,留空間允許病人自然死亡。AHA 進而倡議,在不應勉強嘗試 CPR 的病例,如果得到病人或代理人同意,醫生應當把 do not resuscitate(DNR)的指示清晰寫在病人的醫療紀錄上面,以免其他醫生不適當地施行搶救。

這是打破禁忌的一步。在此之前,當然不少醫生也會在專業上避免濫施搶救,在某些臨終病人,醫護人員有時是以同情而隱晦的默契「收手」,容許病人自然死亡。即使來到八十年代,我還見過病人的醫療紀錄上面隱晦地寫上「TLC」三個有如密碼的字母。TLC是 tender loving care 的縮寫,這是指示,基本的愛心護理便好了,不要給病人「搶救套餐」。從昔日只可意會不可直言,到今天有清晰指示,這當然是打破了禁忌。

Do not resuscitate 三個字簡潔,DNR 三個字更容易上口,但意思有欠準確。直譯為「不作復甦」,彷彿說病人明明可以復甦康復也給指令不予搶救。實際上,DNR 是用於那些病人表明不想接受 CPR,或是病況不適宜勉強進行 CPR 的個案。美國醫學界後來以 DNAR(do not attempt resuscitation）取代了 DNR 的叫法。Do not attempt 的意思是指示不要嘗試進行 CPR 急救。

英國的醫學界認為 DNAR 的叫法還是有欠準確，因為對 resuscitation 一字可以有寬緊不同的理解，他們採用更嚴謹一點的名稱：DNACPR（do not attempt CPR），要準確地表明，病人不想接受或不宜接受包括插喉管和心外壓等的 CPR 程式，但不是叫醫護人員一律終止其他有需要的維生治療，例如氧氣。在香港公立醫院的倫理指引也採納 DNACPR 這個名稱，中譯作「不作心肺復甦術」，口語化一些就是指示「不要施行 CPR」。

我長時間參與醫院管理局臨床倫理委員會（Clinical Ethics Committee）的工作，認識了不少有心人，他們特別關心病人在生命後期不應被機械式地搶救。臨床倫理委員會製作了一些指引，供前線人員參考。這些屬於內部使用，但也有一份頗為詳盡的小冊子〈「預設照顧計劃」？「預設醫療指示」？不作「心肺復甦術」？〉，是醫護人員齊心合力寫給公眾的。

儘管有指引，對於病者和家人，甚至醫護人員，DNACPR 的決定並不是都是順理成章地沒有掙扎的。畢竟有些觀念深入人心：不施行 CPR，是不是等同完全放棄？作為家人，不是應該支持病人，堅持「對抗病魔」、勇敢「戰鬥到底」嗎？

30

2018 年，香港消防處在社區推廣急救，為提升市民的關注，設計了一段短片，宣傳心肺復甦術和自動體外心臟去顫器。片中有一個

藍色人物「任何仁」（諧音「任何人」）與長青女藝人羅蘭合作，拯救一名心臟驟停的市民。藍色「任何仁」一炮而紅，變成消防處推廣CPR的吉祥物。

但醫院裡面的 CPR 和社區拯救是不同的。哈佛大學醫學院附設麻省總醫院有一位駐院醫生 Dr. Khullar 為《紐約時報》寫網誌，有一篇題為「The CPR We Don't See on TV」。他說，大多數電視劇集中的 CPR 常能起死回生，心外壓和電擊之下，病人甦醒過來；但現實中病房裡的 CPR 並非如此有神效。

Dr. Khullar 不是潑冷水，他只是把病房所見如實道來：醫院病人的病況，與社區遇上的心臟驟停（cardiac arrest）個案，並不相似。

> 我第一次見到接受心肺復甦術的病人，那經歷並不是我所預計的。
>
> 當然，我預計了她看起來會有不適。畢竟，她的心臟剛才曾停止跳動。但我沒有為眼前的場景做好心理準備：這個 80 多歲的體弱女子，幾乎沒有了意識，她嘔吐過，肋骨骨折，肺部挫傷。她的胃因充氣而腫脹，胸部有血跡。我心裡想，她看起來更像是從心肺復甦術的關頭倖存，而不是從自己的心臟病活過來。幾天後，她去世時，我不禁暗問，當初她是否真的知道自己將會接受什麼的步驟。

往下是他的觀察反思：

在我與病人的談話中，（提到接受 CPR 與否時）我遇到了各種各樣的反應。一個病人——年輕而健康的——淚流滿面，以為我是因為他即將死亡而提出建議不做 CPR。一些人迴避談論，他們認為不可能有需要預先考慮，也許是不想認知有遇上需要 CPR 的可能。大多數病人即使能平心靜氣地處理這個話題，但幾乎沒有例外地，往往不明白 CPR 到底是為何要用，它的風險和好處是什麼。

Dr. Khullar 引述一些文獻，表明在醫院經歷心臟驟停後接受心肺復甦術的患者中，不到兩成能存活出院。研究又發現病患者大大高估了成功率，八成人以為他們在接受 CPR 後能出院的機會超過一半，近四分之一的人更以為出院機會超過九成。

另一項研究發現，在電視節目裡面接受 CPR 的病者角色，有四分之三立即被救活過來，有三分之二能長期活著。這或者只是劇情所需，但整體上卻給予公眾錯誤的樂觀想像。

31

Dr. Khullar 的文章可以拿來與香港本地的一篇文章對著讀。這是一位醫學生在醫院的實錄，很有本地的現場感。

這個醫學生與同學如常上病房，尋找研究學習的病例。他們遇上病房人員在處理遺體：

……（我們）經過四周拉上窗簾的床位：從簾間瞥見病人臉容安詳，只是睡著覺的樣子，他連接著的 cardiac monitor 還一下一下地顯示著他的維生指數；床邊圍滿了訪客，想必是病人的親屬。在我們眼中，這只是一個療養中的個案，在病房內同樣的案例比比皆是。

然後我們就沒有多事，徑直向隔鄰的病人問症。其間沒有儀器檢測到讀數異常的響聲，一堆醫生護士趕往病床急救的混亂場景。無聲無息地，無知的我們沒有察覺到身旁一條生命的消逝。

三個職員邊閒談邊推著「病床」進來……我們趕忙讓開。但這張「病床」非常特別，上面沒有床鋪，兩側也沒有床欄；只是一塊下面裝了輪子的鐵板。

我還在納悶之際，職員走到窗簾仍然合上的病床前叫喚：「我們幫你過床了。」

我們在外面沒聽到病人的回應，只聽有一下拉鏈拉上的聲音。我們面面相覷。

那三個職員在一下子就抬起了銀色的大袋子，移到鐵板上。這大袋子我們熟悉不過，因為在兩年前的解剖課上，我們每星期就要打開這袋子的拉鏈一次，所以再見到它，也會對其背後的意義毫不陌生。話雖如此，在解剖室以外看見它，也會心生怪異的感覺。搬好身體後，職員升起鐵板三邊的圍板，變成一個可移送的盒狀車子，再在談笑間推走車子離開。

作者接著想：

　　醫學診斷是一門靠結果推斷起因的藝術；而如果我要就剛才的死神到訪事件推測前因後果，我猜測病人生前應該簽訂了 DNACPR（不作心肺復甦術），所以才可有機會在醫院靜靜地離世。相比起其他病人去世前，仍要接受重複的胸口按壓，留下一大片瘀傷，這樣好好死去也是一種幸福。

　　記得醫學院曾經邀請記者陳曉蕾來淺談死亡，她提到中國人口中經常掛著的「五福臨門」，其中包括了「善終」，即好死。可惜香港的人均壽命再冠絕全球也好，在這方面我們的表現卻不合比例地差強人意。不只病人未必清楚自己的權利，家屬也對這個題目避之則吉。曾有朋友向我抱怨，每次年邁的母親入院，醫生都會與她討論不作急救的決定，每次她都會嚴言拒絕，並以為醫生不會盡力拯救家人——但勉強透過現代科學延長病人的生命，真是最好的選擇嗎？

32

　　CPR 是急救心肺停頓病人的第一步驟，只有少數病人能被搶救過來。急救後，要即時接駁人工呼吸器，維持性命。

　　人工呼吸器不是一次過的發明，那是經過第二次世界大戰前後很多人的努力，才逐漸變成所有醫院的基本治療儀器。而它發明的初

衷，不是「勉強透過現代科學延長病人的生命」。

二十世紀五十年代，小兒麻痺症（醫學名稱是「脊髓灰白質炎」，poliomyelitis）在全球肆虐。嚴重的病人會出現肌肉癱瘓病徵，癱瘓出現在下肢造成不良於行；影響到呼吸就足以致命。單在美國就有 50,000 多個這樣呼吸癱瘓的病例，死亡人數達 3,000 以上。

在那個年代，醫院使用一種稱為「鐵肺」（iron lung）的機器協助維持呼吸。這是個巨無霸，密封的金屬筒連接著自動氣泵，病人整個身體躺在筒內，只露出頭部。連接著「鐵肺」的氣泵改變筒內氣壓，病人的胸腔就被動地膨脹或壓縮，得以呼吸維持生命。這個巨無霸笨重，數量少，只能幫助很少數病人。

在歐洲丹麥，哥本哈根的醫生想出另一個方法來協助大量病人維持呼吸。辦法是為病人的氣管造口（tracheostomy），用人手接力為病人泵氣。哥本哈根的醫院徵召來 1,400 個醫學生，編更為病人以人手泵氣，醫學院的學生幾乎空群出動。

然後是發明醫療用的人工呼吸器。這來自空軍使用於高空飛行的輔助呼吸器。美國發明家 Forrest Bird（1921-2015）是飛行員也是生物醫學工程師。他在二戰期間發現盟軍的戰機飛行高度大大不及德國，在空戰中處於劣勢，因為飛行員在高空追擊敵機時，有缺氧昏倒的風險。他在一架墜毀的德國戰機中撿到一副供氧機器，改良成為盟軍專用的呼吸輔助器，讓飛行高度追上德軍。戰後，他埋頭研究把呼吸輔助器用於病人，發明輕便可靠的「Bird respirator」。

Forrest Bird 對生物醫學工程的熱愛終生不變，晚年獲多位美國總統授勳。我在八十年代開始行醫時，公立醫院病房仍在使用被稱為 little green machine 的 Bird respirator，日後才被新一代的 Servo 呼吸機

逐步替換，淡出病房，成為醫學博物館的收藏品了。

醫療使用的人工呼吸器挽救了很多人的性命。然而，小兒麻痺症最終得以被控制，甚至從全球消滅，靠的是疫苗而不是人工機器。

呼吸器在醫療上的應用範圍越來越廣，有些近乎濫。這就必然衍生問題：「自然死亡」變得越來越罕有。俗語說，「死馬當作活馬醫」，在缺乏醫療的時代，這句話是懇求醫生別要放棄；但當醫學科技不斷突破，這句話有了完全不同的另一重意味。科技是可以續命於一時，但若是病人急救回來後要面對連最基本的生活質素也沒有的人生，又或者只是延長步向死亡過程中的痛苦，那麼「死馬當作活馬醫」還是不是良好的倫理選項？最好的醫生不會想也不想就動手搶救每個病人，有些病人自己也不願意不由自主地變成「不死不活的馬」。這些決定有時是異常艱難的。

33

現今醫學教育必定會講授四項現代醫學倫理原則。這是兩位學者 Tom Beauchamp 和 James Childress 首先在《生物醫學倫理原則》（*Principles of Biomedical Ethics*，1979 年初版）提出的。

四項現代醫學倫理原則是：

1. 尊重（病者）自主（respect for autonomy）
2. 行善裨益（beneficence）
3. 不予傷害（non-maleficence）
4. 公平公正（justice）

在生死攸關的抉擇上，尊重病人自主可以視為第一原則。

尊重病人自主是有前提的。醫生要盡專業責任，考慮維生的醫療干預和 CPR 是否對病人有實質好處（原則二），搶救和維生的醫療干預會否造成傷害（原則三）。醫療干預的具體後果，是要視乎病情的可預見走向（prognosis，醫學用語稱為「預後」）。

在香港，精神能自主的成年病人可以拒絕接受醫療干預，包括預先拒絕。他們可以用文書程序訂立指示，口述紀錄原則上也成立，但準確性就不如文書指示。

這種「預設醫療指示」（advance directives，AD），可以清晰地列明當病人到生命末段、再不能自決時，在怎樣的特定情況下可以免於接受指定的維生治療，包括 CPR 和人工呼吸機。這歸根結底是預早拒絕醫療干預的概念，倫理學的根據就是尊重病者自主。

在美國，AD 是由各州立法施行。它的普及應用與一宗經典的法律訴訟有關。

官司起於 1975 年，主角 Karen Ann Quinlan（1954-1985）處於植物人狀態，Karen 的父母與負責醫治 Karen 的 St. Clare's Hospital 對治療方案爭持不下，終於在法庭相見。

開端是這樣的：1975 年 4 月 14 日，Karen 因呼吸停頓而缺氧，入院處於深度昏迷，原因不明。血液和尿液測試檢測到酒精、阿司匹靈和鎮靜劑，但分量未至於危險。一星期後，Quinlan 夫婦把女兒轉送到 St. Clare's。他們最初堅信 Karen 會甦醒，三個月過去，一家人（Karen 的爸媽和兩個弟妹）終於接受現實：神經學測試和放射檢查證實 Karen 大腦嚴重受損，不會恢復知覺的了。她還在依靠呼吸機，要不要拔掉呼吸機讓 Karen 離去，是困難的抉擇。

他們是虔誠的天主教徒，向教區神父尋求指示。神父明確

地說，羅馬天主教會的倫理原則並不要求持續依靠特殊治療方法（extraordinary measures）來延續生命，尤其當病人已經沒有復元的希望。7月31日，Quinlan 夫婦給主診醫生 Dr. Morse 一封正式簽署的信，授權撤走呼吸機，並聲明免除醫院的所有法律責任。

Dr. Morse 最初同意這是正確的決定。但是尋求院方法律意見後，他說自己不能這樣做。醫院的律師解釋，Karen 已經超過 21 歲，父母親不是法定監護人。

Quinlan 夫婦一時茫然。他們要向法庭申請監護權，得到監護權才有資格要求醫院撤走呼吸機，儘管醫院到時還不一定要聽他們的。9月12日，代表律師向新澤西州高等法院提請，要求任命 Karen 父親為法定監護人。

34

在聆訊中，Karen 的媽媽、妹妹和朋友作證，Karen 曾經口頭表達過，絕不願意靠機器維持生命。代表律師以憲法保障宗教自由和個人隱私權為理據，認為若是國家要求 Karen 違背她的意志和她的家庭的意志這樣活著，當人世間的尊嚴、美好展望和人生意義都消失之後，這是異常殘酷的懲罰。

高等法院否決了申請。法官 Robert Muir 認為，Karen 的父親的痛苦情切，有可能蒙蔽他對 Karen 的福利的判斷，所以不應該判他作為監護人。況且，法官說，依醫學上和法律上的定義，處於植物人狀態仍然是活著，法院不應該授權終止呼吸機。這樣做無疑是殺人和安樂死的行為。

真的嗎？撤走呼吸機等如安樂死？1976 年 1 月 26 日，Quinlan 夫婦向新澤西州最高法院上訴。理據一樣，這一次卻勝訴。最高法院法官認為，Mr. Quinlan 有權為女兒爭取個人隱私權，即使撤走呼吸機後最終她可能死亡，社會也應接受這並非殺人；即使視為殺人，亦非不合法地殺人，不應遭受刑責。關鍵還在於，有可信的證詞指證，Karen 曾經表達過不願意靠機器維持生命。

法院更指示，如果 Karen 的醫生認同她永遠不會從昏迷甦醒過來，他們應該諮詢一個由醫院成立的倫理委員會（Ethics Committee），如果委員會也接受了他們的預後判斷，那麼呼吸機可以被撤走。如果主診醫生堅持不願意，Mr. Quinlan 可以另找一個願意這樣做的醫生。

在 Karen Quinlan 案之後，美國的醫院紛紛仿效，設立醫院倫理委員會（Hospital Ethics Committee），這成為現代醫療制度一個標準架構，影響遍及世界各地。這宗矚目的案件，也間接推動了 AD 的普及。

35

醫治 Karen 的 St. Clare's Hospital 是一所天主教醫院。院方的立場是拒絕即時拔喉關機，因為一下子關機的話，Karen 很可能即時死去。甚至在最高法院有了裁決之後，醫院也沒有即時依從，而是嘗試逐步為 Karen 戒掉對呼吸機的依賴。在這案例他們做到了，但「戒掉呼吸機」不是一定成功的，如果不成功，一定仍然拉鋸爭持下去。

Karen Quinlan 的故事被寫成書和拍成電影，Quinlan 夫婦用版權收益開設了一間以 Karen Ann Quinlan 命名的善終療養院（hospice），

專門接收那些一般療養院不願意接收的病人，而且以募捐方式，支持負擔不起院費的人。有人認為這是美國安寧運動（hospice movement）的重要先驅。

Karen 始終沒有醒來。她在療養院多活了十年，1985 年 6 月 11 日才去世。日後她的母親接受訪問時說：「我不認為任何人能為自己孩子的死亡做好百分百的準備 。她一直在不安定的狀態，我的家人和我一直生活在不安定的狀態。我為 Karen 悲痛了十年，然後不得不再次悲傷。我們再也不能在療養院探望她了。我再也不能為她梳頭髮，不能和她說話，這是可怕的空白。十年來，每天去療養院看望她已經是我們的日常生活。」

36

救或不救、放不放手，在早產嬰兒的深切治療病房是尤其艱難的抉擇。背景仍是不斷進步的醫學與科技。先看一個關於極早產的嬰兒的故事。

Alexia Pearce 是一個極早產的嬰兒的母親。她在一次專訪中的心聲，可以令我們感受關乎生死的決定有多切身和困難。專訪在 2011 年進行，原載於 *The Observer*。標題長長的：Nathan was born at 23 weeks. If I'd known then what I do now, I'd have wanted him to die in my arms。

我這樣譯：「Nathan 生時 23 周大。如果能預見今天我在做的這一切，當初我會情願讓他在我的懷裡死去。」

這長長的標題也就是困難的核心：你不能早就知道後來要面對

的一切一切，卻必須在緊迫的情境下作性命攸關的決定。

　　Alexia 對記者說，現在每天看著三歲大的兒子，心頭充滿著歉疚（guilt）。正因為如此愛憐 Nathan，她更加懷疑當初應該選擇請醫生把他交給自己，抱著讓他安靜去世。她的心情很矛盾：一方面滿懷歉疚，覺得早應讓 Nathan 去世，但又向記者澄清說：「我毫不後悔（do not regret）已經發生了的事，眼前這個最美麗的小東西，我絕對疼惜他。」

　　新生嬰兒深切治療在過去 40 年一直進步，把可存活的界線推得越來越早。我在八十年代初畢業時，胎齡 28 周大的早產嬰兒能救活就很不錯了，然後大約每過十年，醫學就把可存活的界線推早一周，到了今天，存活的界限（the edge of viability）在 24 周左右，有些更早。

　　「Edge」一字有很多與醫學倫理和醫學科技相關的意思。它是科技「前沿」也是倫理的「邊緣界限」。最新的前沿尖端科技稱為 cutting-edge technology，這有如鋒利刀鋒，有時是「雙刃劍」（double-edged sword）。Edge 有時是指在斷崖邊上，隱喻生命的邊緣需要「前面有危險」的警示。有一份生命倫理學通訊名為 *Bioedge*，也有一本生命倫理學經典著作名為 *The Edge of Life: Human Dignity and Contemporary Bioethics*。

　　新生嬰兒存活的界限就在醫學倫理和醫學科技的邊緣。以深切治療不斷推前早產嬰兒的存活界限，是有代價的。早產嬰兒有後遺症，有些輕微，有些嚴重。不足 24 周出世的嬰兒，即使有最好的深切治療，存活的機會也低於一半，嚴重的殘缺或後遺症很多。即使以今天的醫學水準，像 Nathan 這般出世時只 23 周大的嬰兒，屬於極早產，後遺症也令一般父母難以承受。如果一生下來就救不活，那是深

深的哀傷；如果決定用盡深切治療的辦法救活，日後卻可能要面對
Alexia 所面對的一切。

37

　　Alexia 縷述，Nathan 在生命的頭三個月裡就輸了 22 次血，嚴重
的腦神經損壞令他不能走路和說話。因為肺部、心臟和其他器官未好
好發育，用了不少藥物，副作用更令他深度失聰。他三歲大還依賴氧
氣，內分泌失調令體溫不穩定，時熱時冷。儘管得到最悉心的醫療和
照顧，Nathan 仍然面臨著很可能年少夭折的命運。

　　雖然心情矛盾，但 Alexia 的想法異常清晰：這不只是關乎她和
Nathan 個人面對的苦難，接受專訪不是為要訴苦。她強烈相信應該
打破禁忌，人們需要知道「這些小傢伙們」經歷了什麼。父母應該盡
早知道極早產的嬰兒面對的一切，作出充分知情的決定。「你無法灑
脫地說，關掉機器讓他走吧。」Alexia 說。

　　Alexia 是否有些自責，當初為 Nathan 做了錯誤的決定？

　　什麼是錯？在日常用語，所謂對與錯，最少有兩個不同的意
思。一個是道德上的，例如問，把 IVF 用剩的胚胎丟棄，在道德
上是對的嗎？用於醫學研究也是不對？另一種意思就如 Alexia 的自
問：當初的決定是否「錯誤」，這不是在問有沒有違反道德，而是
在承受兩難抉擇之餘，面對結果，內心掙扎。當初 Alexia 選擇搶救
Nathan 是不是一個糟糕的決定（a bad decision）？「糟糕」是就後果
而言。

　　可是，為什麼她要獨自長期背負歉疚？生死攸關的醫療決定是

兩難處境，醫療服務是否「先進」，不是只看有沒有成功救死扶傷，還要看有沒有協助病者與家人，作出困難決定之後，不被歉疚纏繞下去。

在不同的醫學專科，值得思索的艱難醫療決定不勝枚舉。無論哪一個專科，病情去到某一點，艱難的醫療決定很可能是相似的：要不要把病人接駁人工呼吸器？如果緊急搶救之下已經接駁了，但康復無望，要不要把喉管拔掉？如果醫學的邏輯是單行道，只許堅持搶救到底，一切就無從選擇。

38

「終止治療」時常會被人與「安樂死」（euthanasia）混為一談。終止治療在任何情況下都不是容易的決定，尤其當涉及放棄 CPR，或是要撤走維持生命的儀器，例如人工呼吸機。讓病人死亡是不是等同安樂死？在醫學上答案是非常清楚直接的：「不是」。撤走維生治療與安樂死是兩回事，在香港，安樂死並不合法，但撤走維生治療是合法的，兩者之間要劃界線 。

香港醫務委員會的醫生專業守則（professional code）列明了安樂死的定義：「直接並有意地使一個人死去，作為提供醫療護理的一部分。」（Direct intentional killing of a person as part of the medical care being offered.）

這條文的中譯句式有些彆扭，意思是，「安樂死是指在醫務中蓄意並且直接地殺人。」守則強調，這既是違法亦違背醫學道德。

英國國民保健署（National Health Service，NHS）在公眾教育簡訊中這樣定義安樂死：Euthanasia is the act of deliberately ending a person's life to relieve suffering（安樂死是故意結束一個人的生命以消除痛苦的行為）。

兩者比較之下，NHS 對安樂死的定義，多了一個元素：「消除痛苦」。安樂死在英國與香港同樣是違法及違反醫學倫理，但英國承認安樂死的動機可能是出於善意。承認這一點，社會在辯論安樂死合法化時就多了空間。

香港的專業守則斬釘截鐵，不提動機可能是暗示了，不要以「消除痛苦」的動機來美化安樂死。

在世界上，「安樂死應否合法化」這個議題無日無之，爭論的一個焦點就是，應否准許醫生在某些情況下合法地、直接地用醫療手段令病人致死？如果動機是為病人解除痛苦，那是不是在道德可以接受？

39

關於「安樂死」的爭論常常是與辯論「醫生協助自殺」（physician assisted suicide）一併進行的。在日常寬鬆的用語，這兩者有時並不予以區分，只是籠統地以安樂死概括。例如當年媒體和大眾親切地稱呼為「斌仔」的鄧紹斌（1969-2012），在 2007 年出版《我要安樂死》一書自述因意外導致脊椎創傷，全身癱瘓，並倡議香港安樂死合法化。「斌仔」要求的是死亡自決的權利，認為癱瘓人士應該得到協助自殺，嚴格上，這未必等同安樂死，但在「斌仔」而言，不會認為有必要斟酌。

安樂死與醫生協助自殺有什麼分別？前者是醫生以醫藥手段直

接令人致死，後者則是由自殺者自己動手，醫生只是從旁協助。

協助他人自殺不一定由醫生進行。例如有絕症患者的親屬取得鎮靜劑，明知病人打算用於自殺還向他提供使用，在法律上就是蓄意協助自殺。

呼籲安樂死合法化的人士，大多是要求把施行安樂死或協助病人自殺放在醫療框架內，很少會主張由普通人動手。

2007 年香港三聯書店為「斌仔」出版自傳《我要安樂死》，特別安排在書展場地舉辦了一場「安樂死座談會」，我應邀主持討論，氣氛熱烈。「斌仔」在 2003、04 年先後去信當時的特首董建華和立法會，要求安樂死合法化。至 2007 年，他在醫療照顧和各界關心底下，康復有進展，脫離了插喉式呼吸機器，也出席了座談會。他一句三頓，費勁地述說為什麼堅持要求政府立法。他的主診醫生、呼吸專科的葉秀文教授也是講者，台上還有時任醫院管理局主席的胡定旭、時任立法會議員大律師余若薇，以及理工大學和城市大學的哲學學者。

「斌仔」的基本論點可以歸納為：（一）健全的人有能力結束自己的生命，但癱瘓的病人不能；（二）既然自殺行為已經非刑事化，為何協助癱瘓的病人結束生命不可以非刑事化？（三）癱瘓的病人選擇結束生命的權利被剝奪，算不算歧視？

這是相當有說服力的論點，但同台的哲學學者不難看出其中推理上的破綻。兩位學者都沒有直接道破，反而是婉轉提醒，「自由」與「權利」是不同的。「自由」只是說社會不應干預個人；「權利」卻是意味社會有責任或義務予以協助。醫學界不可能接受視協助病人自殺為醫生的義務。

40

一些西方國家和地區容許在限定的條件下進行安樂死或醫生協助自殺。這在全世界屬於少數，但數目有增加的趨勢。醫學科技不斷宣稱突破，醫療服務不斷發展，但是對安樂死和醫生協助自殺的訴求反而日增，似乎是諷刺。

西方國家對立法容許安樂死和醫生協助自殺的辯論，早於十九世紀末已展開，初時停留在言語和文章爭辯的層面，直到 1942 年瑞士首先讓「協助自殺」合法化（不限於醫生），條件是協助自殺要在「沒有自私動機」的情況下發生，如動機有可疑，則要進行刑事偵查。

有了這寬鬆的法例，醫生協助自殺順理成章可以進行，原則上「協助」的對象也不須身患惡疾。與其他容許安樂死和醫生協助自殺的國家不同，瑞士容許外國人前來求死。相近的例子是比利時，容許歐盟成員國的國民前來比利時的醫療機構接受安樂死，那是基於歐盟國共用醫療服務的概念。這兩國都促成了所謂「自殺旅遊」（suicide tourism）的現象。

荷蘭在 2001 年通安樂死合法化的法例，比利時在 2002 年緊隨，之後是盧森堡（2009 年）。其實荷蘭早在 1994 年已將安樂死有限度非刑事化，醫生在特別規定之下可免於檢控。2001 年的安樂死法案主要是清楚規定醫生可依程式免責，解除不慎被檢控的威脅，因此荷蘭醫學會對立法表示歡迎。

荷蘭的安樂死合法化，適用於身心上有無法忍受和無望解除的痛苦（unbearable and hopeless suffering）的病人，範圍比瑞士窄，但有頗大彈性，因為不限於末期病患者，也不排除精神上的痛苦。

美國沒有實行安樂死合法化，但陸續有一些州分立法容許醫生協助末期病人自殺。這些法例並不直接認同協助他人自殺，採用的法律字眼是「協助死亡」（assisted dying）或「死亡中的醫藥輔助」（medical aid in dying），含義是，當病人已進入死亡前的末期階段，醫生的目的是協助病人縮短死亡過程的痛苦，不宜視為一般的協助他人自殺。不過，在倫理學，這始終也屬於讓醫生協助自殺合法化的討論範圍。本書以下仍然沿用「醫生協助自殺」這個名詞。

俄勒岡州率先在 1997 年經全民公投，讓醫生協助自殺合法化，這比荷蘭更早。同樣經過公投再立法的有華盛頓州（2009 年）。同年蒙大拿州法院裁決讓醫生協助自殺合法化。佛蒙特和加州相繼在 2013 和 2015 年通過立法。最新加入行列的還有首都華盛頓（2017 年）。在本書定稿時（2019 年 4 月），筆者參加在哈佛醫學院舉行的一個有關醫藥協助死亡的生命倫理會議，知悉新澤西州行將讓醫生協助病人死亡合法化，麻省也在醞釀合法化的辯論。

在加州，立法通過之後仍有激烈的正反角力。有醫生在 2018 年 5 月入稟法院，以技術理據要求法院裁決協助自殺的法例無效，結果得直，加州初級法院暫停了容許醫生協助自殺的法例。六個月之後，上訴法院卻又推翻了初級法院的裁決。法律爭持是否已到終點仍未可料。

數算近年立法的國家，還有哥倫比亞（2015 年，容許醫生協助自殺）和加拿大（2016 年，容許安樂死及醫生協助自殺）。2017 年，澳洲的維多利亞省也通過容許醫生協助自殺，兩年後施行。這些國家的法定容許範圍與美國相近，限於患有絕症的末期病人。然而，在加拿大，這道窄門打開之後，就掀起進一步放寬範圍的訴求。

在德國，由於經歷過納粹屠殺的歷史，安樂死是特別敏感的議

題，但在 2017 年 3 月，位於萊比錫的聯邦法院在一宗案件裁決，在極端情況下，如果病人身患嚴重而無法忍受的絕症，而完全自由和認真地決定結束生命，政府應破例提供可以結束生命的藥物，理由是這樣的病人應有權利自己控制死亡的時間和方式。

這屬原則性的裁決，並不等如德國很快就會立法實行安樂死合法化。尊重病人自主權利可以成為尊重安樂死合法化的理據，在德國是重大突破。

41

上面概述了世界各地安樂死及醫生協助自殺合法化的現況。概述看來分明，卻隱藏了在這些國家或地區內部長期爭論的問題。即使在政策看來最寬鬆的瑞士，表面平靜的底下也有湍流。其一是瑞士各州對待安樂死的態度其實並不一致，例如是否容許在養老院內實施醫生協助自殺，聯邦並無統一規定。在政策最自由的巴塞爾，養老院可以自行決定是否允許老人在院內得到協助自殺；相反，在與意大利接壤的瓦萊州，儘管沒有法律明文禁止，但在養老院內實施安樂死一直是禁區。聯邦政府應否統一監督各州實施醫生協助自殺的狀況，亦處於長期爭論中。

綜述世界各地安樂死合法化的現況，還會造成一種錯覺，以為這些國家都有共同的理念推動合法化。細看就知道不是這樣。以瑞士、荷蘭、美國俄勒岡州作為三個類型，可以見到三個不同的出發點：

1. 國家盡量不限制個人的自主自決權，即使病人並非身患絕症，沒有無法舒緩的痛苦，只要自願決定了結生命，而醫生願意協

助，國家政府不會以刑法阻止。這是瑞士容許醫生協助自殺的出發點。不干預個人自決權利是最大考慮。

2.　當病情已不能逆轉，而病人承受著無法舒緩的痛苦，可以自願決定了結生命。安樂死被視為解除痛苦的特殊手段，醫生直接施行安樂死也可以被合理化。這是荷蘭容許醫生直接施行安樂死及協助自殺的出發點。當然病人自主權仍是原則基礎，但重點放在無法承受的痛苦上面，適用範圍因而比瑞士窄。解除個人痛苦是最大考慮。

3.　美國俄勒岡州的出發點，則是為預期離死亡不遠的絕症或末期病人提供一個選項，可以自主決定何時死、怎樣死。這同樣是尊重自主權，但出發點是病人在生命末期要保有自己可以控制的最後尊嚴，因此法案命名為《死亡與尊嚴法案》（*Death with Dignity Act*）。其他美國州分、近年加拿大和澳洲維多利亞省立法的思路，大致沿自俄勒岡州。讓個人控制生命最後一程以保存尊嚴是重要的考慮。

在倫理學的討論，三種出發點牽涉不同的道德論據，質疑反對的理由相應地也有分別。

42

安樂死及醫生協助自殺是現實的爭議，並不只是一場哲學辯論。有些質疑關乎實施層面而非原則：有無誤用濫用？如果確有誤用濫用，那只是因為監管不夠妥善，抑或是合法化的原則本身存在灰色，容易被不斷地擴大範圍？

以荷蘭和比利時為例，這兩個率先立法容許依規定施行安樂死的國家，各自設有監督安樂死的委員會，醫生須依法呈報每一宗安

樂死個案，確認沒有違規。2018 年 1 月，一名醫療倫理學者 Berna van Baarsen 決定辭去荷蘭區域安樂死評估委員會（Dutch regional assessment committee for euthanasia）的職務，抗議最新的法律修訂擴大安樂死的範圍，讓早期認知障礙症患者可以預早作書面的意向聲明，日後病情惡化至某個地步就可獲得安樂死。

Berna van Baarsen 對記者說，他不相信病人過去簽下的一紙書面聲明，可以取代病人來到晚期認知障礙症時口頭表達的現時意願。

比利時實施安樂死的情況更惹人憂慮。美聯社獲得比利時安樂死委員會（Belgium Euthanasia Commission）一份內部機密檔案，在 2017 年 10 月報道一個知名的精神科專家 Dr. Lieve Thienpont 曾為很多精神病患者申請安樂死，近半數取得批准並且已經執行。委員會主席 Dr. Distelmans 也對這精神科專家頻頻協助精神病人安樂死的做法感到震驚。可是震驚之餘，他只去信向 Dr. Thienpont 略表關注，委員會並沒有採取任何調查行動，也不向公眾公佈。

經美聯社報道，超過 360 名比利時醫生、學者等共同簽署了一份公開請願書，要求政府對精神病患者安樂死實施更嚴格的管制。

同是在 2017 年秋天，比利時安樂死委員會一名資深成員 Dr. Van Opdenbosch 宣告辭去委員會的工作。美聯社又取得了他的辭職信，其中詳細說明他對委員會監督工作的不滿。「我不想身為一個蓄意觸犯法律的委員會的成員。」他寫道。

Van Opdenbosch 是一名腦神經科醫生，他指稱委員會容許醫生，在未經一個認知障礙症病人的同意（病人無能力作出知情同意的決定）之下，因應家庭成員要求施行了安樂死。他說，病人沒有要求死亡，這是（醫生）有意地了結病人生命。

他更指責，當他對其他同樣可能有問題的個案表示關切時，委員會其他成員立即緘默。這些成員有許多是從事安樂死的醫生，互相保護不受檢查，有如特赦。

身任安樂死委員會主席的 Dr. Distelmans 本身是一名腫瘤學家，在國內也設立了幾間「生命終結診所」（end of life clinics）提供安樂死服務，對安樂死個案是否符合規定的判斷是寬鬆的。他與另一位聯席主席堅決否認存在任何疏忽，也否認 Van Opdenbosch 在委員會內曾被噤聲。

外人難以確認比利時安樂死委員會有無互相包庇掩護，可以肯定的是，安樂死絕非普通醫務，在制度上容許活躍地從事安樂死業務的醫生負責監督，是有明顯的利益衝突（conflicts of interest）。

43

以上從正反角度和世界各地的情況鋪陳，讓讀者看見不同的考慮。我自己接受過不少有關安樂死的訪問，在中文大學生命倫理學中心也辦過研討會，我在這些場合經常保持一點抽離，不讓感性淹過理性。然而意外地，2018 年底有一次與家人旅行時，在輕輕鬆鬆的旅途上，竟然辯論起生死來了，熱烈得有些面紅耳赤。我在報章專欄把這次段辯論記下來。這裡節錄兩段，可以作為這一章的註腳。

　　讓我驚訝的是，姊妹和她們的另一半大多不認同我對安樂死利弊的平穩的分析。我一貫的說法是：在個別極端痛苦的病人案例中辯論安樂死，病人痛苦贏得同

情，辯論往往傾向於贊成安樂死，但是放在政策層面，安樂死合法化就讓人有很多顧慮。對於影響所有人的政策或法律，必須加倍謹慎，以防輕率濫用。在醫療服務和晚期護理服務不足的社會，安樂死會否被當成 the easy way out？合法化安樂死，讓病人選擇死亡，社會可減輕負擔？

當安樂死合法化，隨著時間的推移，照顧弱者的文化會否變得薄弱？生命的內在價值可會否被輕視？即使這看來想得太闊太遠，但憂慮是真實的，並非杞人憂天。

對這些分析，我的家人卻同樣感到驚訝。首先，他們說，為什麼個人的抉擇要受到這種種社會層面的顧慮所限制？如何看待生命是價值觀的問題，人類社會的價值觀不是一直在改變嗎？法律和社會風俗的變遷可以非常大。事實上有些國家正在讓安樂死和協助自殺合法化。抵制安樂死是否在抵擋潮流，拖著時代前進的後腿？即使沒有極端的病痛，如果有人活過美好人生，來到某一點滿足了，真的想離去，他不應該得到協助實現心願嗎？

這又回到社會對個人意願的合理限制的問題。在內心深處，我對個人有死亡權利的提法感到不自在，因為深知現實中我們的醫療和晚期護理還有這許多可以改進的空間。節制令病人恐懼的入侵式治療，尊重意願，應是優先議題，不要馬上跳到安樂死吧。

節

27 〈老布殊夫人芭芭拉病危 拒醫療救治〉,《星島日報》,2018 年 4 月 17 日; http://std.stheadline.com/daily/news-content.php?id=1785104&target=2

"Obituary: Barbara Bush - Former US First Lady and Literacy Campaigner", BBC, 18 April 2018; http://www.bbc.com/news/world-us-canada-12846090

"Barbara Bush Dies at 92; Popular First Lady also the Mother of a President", Los Angels Times, 18 April 2018; http://www.latimes.com/local/obituaries/la-me-barbara-bush-20180417-story.html

28 "Advent of Cardiopulmonary Resuscitation (CPR)", Encyclopedia.com; Https://www.encyclopedia.com/science/encyclopedias-almanacs-transcripts-and-maps/advent-cardiopulmonary-resuscitation-cpr

張朝煜,〈成人高級心臟救命術的歷史回顧〉,2001 年;http://www.tma.tw/ltk/98520309.pdf

Stephan Carveth. "Standards for Cardiopulmonary Resuscitation and Emergency Cardiac Care", *JAMA*, 1974; 227(7): 796-797. doi:10.1001/jama.1974.03230200054012; https://jamanetwork.com/journals/jama/article-abstract/352994?redirect=true

29 C. H. Braddock, J. D. Clark. "Do Not Resuscitate (DNAR) Orders, Ethics in Medicine", University of Washington School of Medicine; https://depts.washington.edu/bioethx/topics/dnr.html

醫院管理局臨床倫理委員會,《「預設照顧計劃」?「預設醫療指示」?不作「心肺復甦術」?病人、家屬知多些!》,2016 年;http://www.ha.org.hk/haho/ho/psrm/Public_education1.pdf

30 Dhruv Khullar, "The CPR We Don't See on TV", The New York Times; https://well.blogs.nytimes.com/2014/07/17/the-cpr-we-dont-see-on-tv/

31 〈醫科生面對死亡:今天死神在我身邊經過〉,《經濟日報》,2017 年 4 月 3 日;https://topick.hket.com/article/1749502/

32 Craig Kumerfield. "Remembering the Polio Epidemic of the 1950s: Part I", Argus Leader, Aug. 21, 2017; https://www.argusleader.com/story/news/dell-rapids/2017/08/22/remembering-polio-epidemic-part/104718400/

M. T. Stahman. "Assisted Ventilation in Newborn Infants", In: G.F. Smith, D. Vidyasagar (eds.). *Historical Review and Recent Advances*, Chapter 15, Mead

Johnson Nutritional Division, 1980; http://www.neonatology.org/classics/mj1980/ch15.html

李佳恒，〈提高早產兒存活率　善良飛行員發明量產呼吸器〉，風傳媒，2015年 10 月 14 日；http://www.storm.mg/article/68997。

34　Ronald Munson. *Intervention and Reflection: Basic Issues in Bioethics, Concise Edition*, Cengage Learning, 2013, pp.301-306.

　　Charles P Sabatino. "The Evolution of Health Care Advance Planning Law and Policy", *Milbank Quarterly*, Jun 2010, 88(2): 211–239; https://www.ncbi.nlm.nih.gov/pmc/articles/PMC2980344/

36　"Nathan Was Born at 23 Weeks. If I'd Known Then What I Do Now, I'd Have Wanted Him to Die in My Arms", The Guardian; https://www.theguardian.com/society/2011/mar/20/nathan-born-premature-life-death

38　"Euthanasia and Assisted Suicide", NHS; https://www.nhs.uk/conditions/euthanasia-and-assisted-suicide/

40　J Wise. "Netherlands, First Country to Legalize Euthanasia", Bulletin of the World Health Organization, 2001: 79(6): 580

　　"California Assisted Suicide Law Clears Hurdle", Oregonlive, 30 November 2018; https://www.oregonlive.com/health/2018/11/california-assisted-suicide-law-clears-hurdle.html

　　"German Federal Court Rules Patients Should Have Access to Life-ending Drugs", Deutsche Welle; http://www.dw.com/en/german-federal-court-rules-patients-should-have-access-to-life-ending-drugs/a-37790952

41　Larissa M. Bieler.〈死亡之爭：瑞士是自殺聖地嗎？〉，Swissinfo，2016 年 7 月 11 日；https://www.swissinfo.ch/chi/ 本站社论 _ 死亡之争 - 瑞士是自杀圣地吗 /42280166

42　"Dissent in Dutch Euthanasia Bureaucracy", BioEdge; https://www.bioedge.org/bioethics/dissent-in-dutch-euthanasia-bureaucracy/12569

　　"Belgium: Euthanasia Doctors Split over Psychiatric Illness", BioEdge; https://www.bioedge.org/bioethics/belgium-euthanasia-doctors-split-over-psychiatric-illness/12490

　　"Belgium's Euthanasia Commission Under Fire After Shock Letter by Whistleblower", BioEdge; https://www.bioedge.org/bioethics/belgiums-euthanasia-commission-is-under-fire/12604

43　區聞海，〈旅途辯論生死〉，《信報》，2018 年 11 月 3 日。

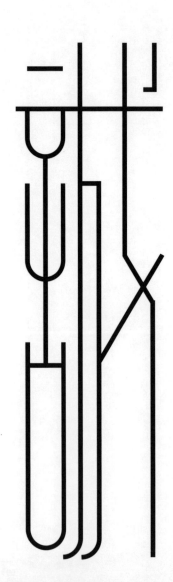

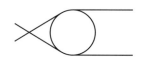

第三章

生物醫學研究的誠與信

「誠信」是一種美德，也是道德倫理的要求。生物醫學研究的力量很大，試看第一章，只用了三個多世紀，人類就從研究青蛙的精子卵子結合躍進到編輯細胞的基因，複製生命（cloning，音譯「克隆」）。當研究牽涉活人和生命（被研究的人稱為「受試者」），就產生道德倫理的要求。

如何防止研究者濫用權力，是現實問題，並不是道德哲學討論而已。這與醫學方面醫生與病人的不對等關係可以類比。「誠信」是信任的基礎，而制定規則以免濫用病人／受試者的脆弱，同樣是基石。

44

在一本薄而豐富的小書《解釋給每個人聽的倫理學》裡，作者提醒，倫理學思考的一個源頭是古代的醫學：

> 在古希臘羅馬時代，另一項倫理學思考的來源是醫學。我們太常忘記這一點。然而，醫生，如科斯島的希波克拉底（Hippocrate de Cos），他們也是哲學家，也就是說，知識淵博並擅於思考的人。他們扮演了決定性的角色。事實上，病人的生死掌握在他們的手中。他們必須定義自己的義務，制定規則，以免濫用病人的脆弱……
>
> 這是很重要的一點，因為，現今，在生物倫理學（「生命倫理學」也可譯為「生物倫理學」），醫學與哲學上的思考再次碰撞。這一次的議題主要針對我們的未來。

研究上有一個基本的誠信要求，甚至不直接關乎「受試者」，那就是學術誠信。中文大學醫學院院長陳家亮教授在報章專欄講過一段故事：有一個同學參與一項有關腸道細菌與肝硬化病人患腹膜炎的研究，花了整整大半年的課餘時間整理過往十多年有關的數據，分析之下，並沒有特別有用的發現。有一天同學來到院長的辦公室，說：「陳教授，若果把這部分不能解釋的數據刪除的話，我們便可以提出一些預防腹膜炎的新方案了。」

院長問，為什麼可以刪除那部分不能解釋的數據呢？學生猶豫一下，答道：「也許這部分數據的收集過程出了什麼問題？也許這部分病人的情況有別於常人……」再追問理據，同學答不出來，只喃喃道：「花了這麼多的時間（而數據沒有積極結論），好像是白費了吧！」

這讓我想起自己在大學時期追隨生物化學教授做實驗研究，在大半年間，解剖了許多白鼠取組織，提取細胞膜組織，試驗藥物對阻擋細胞膜上面的受體（receptors）的效用，尋找藥物劑量與阻擋效用的關連。每天取得數據，初步輸入圖表，馬上可以看是否符合「關連曲線」。很多時數據大致吻合，有時卻毫無幫助，好像白費功夫。我發現，以各種理由丟棄不吻合的樣本數據的誘惑原來不小，因為回想一天裡的工作，總會懷疑有些步驟做得不完美，或令數據偏離。我也驚奇，原來，誠實地做研究不一定是自然而然的事。

在現今的學術研究圈，發表重要文章的壓力是非常巨大的，遠遠不止是追求漂亮數據的誘惑而已。2012 年 10 月，科學雜誌《自然》（*Nature*）引述新一期 *Proceedings of National Academy of Sciences* 發表的報告，從 1975 年算起的 30 多年間，生物醫學領域的論文被撤稿的事件急劇增加。研究顯示僅有 21% 的被撤論文是因為內容存在錯誤，而涉及學術不端行為（misconduct）的被撤論文卻多達 67%，其中造假或涉嫌造假佔 43%，重複發表佔 14%，剽竊佔 10%。在這份研究發表之前，人們向來以為大多數論文撤稿事件只是為更正內容，沒想到學術的不端行為竟是多數。

作者 Dr. Casadevall 認為，生物醫藥研究的競爭日趨激烈，爭取經費有成王敗寇的現象。報告發現，影響因數（impact factor）越高

的雜誌其論文撤銷率也更高。科學界以躋身有名氣的雜誌為傲可能是因素之一，當然也可能因為這些期刊的檢查更嚴密。調查又發現明顯的地理上差異，如美國和德國的作者撤回論文，主要以內容不實居多；而在新興的科學強國，剽竊和重複發表則佔多數。

可憂慮的還有是，越有技巧造假，越不容易被發現，因此收集到的 2,047 個案例可能還不足以反映全景。

45

認真地收集數據，客觀分析，依循科學方法，是否就合乎倫理？當然不是。學術誠信只是起碼要求。核心的問題是：那是什麼樣的實驗？如果涉及人類實驗，要問誰是實驗的對象？他們是否自願？即使是自願，要問他們是否被告知實驗可能造成的損害？受試者的權利和尊嚴有沒有被侵奪？他們有沒有得到公平對待？

在人類實驗研究的歷史，對這些問題的關注，常是從二次大戰納粹德國醫師違反人權和人道的行為講起。那些可怕的故事已經有很多人寫過，後來各國對研究倫理的規範原則，包括《紐倫堡守則》（*Nuremberg Code*）和世界醫師會（World Medical Association，WMA）於 1964 年通過的《赫爾辛基宣言》（*Declaration of Helsinki*），亦是耳熟能詳。不過在寫這一節時見到翁詩鑽在 *The News Lens* 發表了一篇非常可讀的文章，覺得還是值得介紹，紀念一下那些黑暗研究的受害者。

離慕尼黑火車總站 15 分鐘車程，有個小鎮名為達豪（Dachau），小鎮三公里外一座本來是兵工廠的建築物，戰時被改為集中營，於

1933 年開幕啟用，是德國集中營之祖。從 1933 年直到 1945 年美軍解放集中營，這兒扣押過 20 萬人，至少 32,000 人死亡。

在納粹德國境內的多處營地，有許多醫師進行過各種實驗。在達豪，納粹醫師 Dr. Sigmund Rascher 為了證明在急速減壓過程中會有氣泡在腦部血管裡形成，把 200 名集中營囚犯送入減壓艙，80 名當場死亡。他更曾活生生解剖受試者的腦部。

他們也進行低溫冷凍和喝海水試驗，試驗的背後目的也是「醫學」，因為德國空軍可能被擊落而降落在冰冷的北海。Dr. Rascher 將囚犯浸在冰水裡，模擬北海的溫度，至少 300 名囚犯被強迫進行此試驗，90 人在過程中死亡。

北歐當時有民間說法，漁民若意外掉入北海，當地人會把他們帶回家，在被窩裡由妻子協助逐漸恢復體溫。Dr. Rascher 找來吉普賽女性，把一些從冰水中浸泡過的受試者和裸體的吉普賽女郎放在被窩裡，檢驗這民間方法的效用。

另一名醫師 Dr. Hans Eppinger 則在達豪負責喝鹽水試驗。90 名吉普賽人在 12 天內只准喝海水，研究倘若空軍被迫降於北海，單靠海水是否能存活。

除了和戰爭有關的實驗，納粹也進行各種維持及促進德國雅利安人種基因的人體試驗。當時是慕尼黑總警長的 Heinrich Himmler 醉心於增加雅利安婦女的生產能力，在奧斯威辛集中營（Auschwitz）批准 Dr. Carl Clauberg 用被囚禁的婦女來進行人工授精試驗，以找出提高懷孕率的最佳方法。Dr. Clauberg 也用囚犯試驗最有效絕育的方法，以杜絕低等人類傳宗接代。

奧斯威辛集中營最著名的優生學實驗，來自掌管醫學部的 Dr.

Josef Mengele。他被稱為「死亡天使」，是納粹醫師裡最醉心於純種雅利安基因的人，從德國佔據地找來超過 1,000 對雙胞胎，在集中營做各種各樣的實驗，包括嘗試用化學藥物注射入眼睛，以讓瞳孔變成代表純種雅利安人的藍色。實驗造成許多死亡，最後只有大約 200 對雙胞胎活下來。

46

駭人的活體試驗還包括：嘗試用磺胺藥（sulphonamide）預防傷口細菌感染；砍斷集中營囚犯的手腳，再砍斷另一人的手腳來接駁；刻意製造槍傷。這些實驗也許累積了一些科學和醫學的知識，但是沒有把受試者視作一個人。

二戰後，四個戰勝國組成國際軍事法庭，在德國城市紐倫堡提控德國主要戰犯，史稱紐倫堡大審判（Nuremberg Trials）。後來美軍單方面再進行了 12 個審判，被稱為紐倫堡後續審判。1946 年 12 月 9 日，第一個後續審判在紐倫堡開審，就是歷史上有名的「醫師審判」（The Doctors' trial）。1947 年，醫師審判完成，23 名德國人（多數是醫師）罪成，七人被判死刑。

醫師審判的結果，就是前述於 1947 年發表的《紐倫堡守則》，這奠定了後來人體試驗的標準，其中的知情同意（informed consent）原則也成為現代臨床醫學倫理的一環。

正如作者觀察，德國當時在科學及醫學界領先全球，那些進行試驗的醫師許多還是醫學界裡備受尊敬及學識豐富的專家。但在道德標準嚴重扭曲的時空，專家的道德並不足恃。

「醫師審判」是美國單方面對德國醫學界的審判。同樣在二戰前後，蘇聯的古拉格集中營（Gulag）也在囚犯身上進行毒氣研究。日本的 731 部隊在哈爾濱設立研究所，用中國人和朝鮮人進行人體試驗，和納粹集中營的行為沒兩樣，但美國當時並沒有在那些國家設立「醫師審判」，背後是政治利益考慮。

47

雖然醫學研究違反道德的故事和其後的規範常是由納粹醫師的劣行講起，我的想法卻是：戰爭泯滅人性，不是研究常態，討論醫學研究的倫理，或者應該以和平時期的「正常」研究為基礎。

在和平時期的「正常」研究也有不少歷史性的醜聞，可以從 1966 和 1972 年說起。1966 年，麻醉學醫生 Dr. Henry Beecher 在《新英格蘭醫學期刊》（*New England Journal of Medicine*）上發表「道德吹哨」（whistleblowing）的文章，揭露 22 個由知名的研究者所進行的研究在倫理上大有爭議。這些研究成果都發表在知名的期刊上，說明學術界對研究倫理欠缺敏感度。違反倫理的研究並不是只會發生在納粹政權底下。

22 個研究當中，有一個在偏遠小鎮以 600 名黑人認知障礙兒童做研究；另一研究在受試的年老病人身上注射活的腫瘤細胞，測試免疫反應。這引發爭議，但尚未催生政府對醫學研究的嚴肅規範。

叢亞麗指出，在七十年代初期以前，美國著名的醫學雜誌很少提及《紐倫堡守則》和醫學研究的基本要求，即受試者必須是自願及知情地參與。Dr. Beecher 發表的吹哨揭示了當時美國醫學研究的潛規

則：只要研究有科學價值，而受試者對科研人員有像對醫生一樣的信任，便可以進行。

Dr. Henry Beecher 的文章屬於醫學界內的討論，但在 1972 年，《華盛頓星報》及《紐約時報》揭露的美國公共衛生局（Public Health Service，PHS）批准並資助進行的「塔斯基吉梅毒研究醜聞」，就震撼美國社會，也改變了社會對規管生物醫學研究的倫理操守的既有看法。在這之前，研究的倫理操守完全依賴科學與醫學界專業自律；在塔斯基吉研究醜聞之後，政府與公眾都認為需要有獨立的監督機制。

48

這項梅毒研究早於二戰之前已開始，是一項縱向的長時期病變與病情觀察研究（longitudinal observational study），從 1932 至 1972 年間在美國阿拉巴馬州的塔斯基吉鎮（Tuskegee）進行。研究最終導致 28 人死亡，100 人傷殘，40 名受試者的配偶也感染梅毒，19 名嬰兒因而染上先天性梅毒。

為什麼美國 PHS 當局竟然會資助這項違反基本道德的研究？從體諒（不是原諒）角度看，在三十年代，梅毒是極可怕的疫症，面貌多變，致殘致命又無有效治療。研究起初是為長期觀察感染梅毒的病人，看病情如何發展，這屬於疾病自然史的研究範圍。問題出在四十年代，這時青黴素已經面世，梅毒可以治癒，研究人員卻擴大研究範圍，繼續以免費醫療、食物甚至喪葬補助吸引貧窮的黑人參加，把他們分為兩組；一組給予青黴素治療，卻任對照組病人自生自滅，兼且欺瞞他們，說他們只是體內有「壞血」（bad blood）需要研究，絕口

不提梅毒，遑論有效治療。就在不清不楚的情況下，這 201 名對照組病人得不到青黴素醫治，或死或殘，更禍延妻兒。

塔斯基吉鎮的梅毒病人與二戰集中營被強迫接受試驗的人群，有沒有相似之處？明顯地，兩個時空的研究都沒有通過基本的知情及同意程式，受試者同是處於絕對弱勢的人群，完全任人擺佈，甚至任人魚肉。

在 1972 年 7 月，PHS 的梅毒研究醜聞被揭露，令全民譁然。這促使國會立法檢討人體研究的管控機制，也促使了 1979 年《貝蒙報告》（Belmont Report）的誕生，報告特別針對醫學研究，提出倫理監管要求。其後美國建設了機構審查委員會制度（Institutional Review Board，IRB），英國和歐洲從七十年代起同樣陸續建立 IRB 制度，成為今日國際採用的標準規範模式。

49

「誠信」是豐富的多層次概念。學術上不弄虛作假是最基本的一層。第二層是對受試者的誠實和尊重。還有第三層是，研究宣稱的目的有沒有自欺欺人之嫌？

2017 和 2018 年底，分別發生了中國政府叫停生物醫學試驗研究的重要事件。2017 年是意大利神經外科醫生 Dr. Sergio Canavero 和中國神經外科教授任曉平在哈爾濱的「頭部移植手術」前期試驗；2018 年是南方科技大學賀建奎在深圳進行的「基因編輯嬰兒」試驗。

兩者之中，「頭部移植手術」的問題比較明確；在本書寫作時，「基因編輯嬰兒」的試驗引發的爭論批評尚在發酵，有些事實也尚待

弄清楚。

　　在兩宗聳動世界的事件有一些相同點：爭取世界第一；研究者自我感覺良好而冒天下之大不韙；研究的學術誠信可疑；對研究對象的知情同意權的認知很粗糙；機構審查委員會制度的把關完全失效；政府當局重視國際對中國研究倫理的負面觀感，但現有制度管束不住科學研究的冒進爭先。

50

　　媒體有時簡稱「頭部移植手術」為「換頭術」，並不正確。Dr. Sergio Canavero 和任曉平教授醉心的實驗目標，並不是要把兩個人的頭顱（連腦子）對換，而是把病人整個頭部接駁上捐贈者的整個身體。這是移植概念，因此稱為「人類頭部移植」手術。

　　Dr. Canavero 從意大利都靈大學醫學院畢業，是「都靈先進神經調節研究團隊」（Turin Advanced Neuromodulation Group）負責人。他早於 2013 年就發表了人頭移植手術的構想。2015 年 2 月，他宣稱成功利用一種聚乙二醇（Polyethylene glycol）溶劑，可以把頭部和身體對口的神經細胞膜上的脂類融為一體，令神經接駁可以成事。他又斷言，相信被連接起來的頭部和身體經過最長四周的人工誘導昏迷和持續刺激後，神經系統可望恢復功能，令四肢全癱病人可以「使用」新的身體。這些宣稱都未經同行嚴格檢視，不少人懷疑不盡不實。

　　2016 年，他又宣稱與任曉平率領的中國哈爾濱醫科大學團隊已經作好準備，很快就可以為活人進行手術，連自願試驗的病人也找來了，這是 31 歲的俄羅斯電腦工程師 Valery Spiridonov，患有脊髓性肌

肉萎縮症（spinal muscular atrophy），至於會在哪個國家進行手術，就無可奉告。

這年 3 月，任曉平接受了香港《南華早報》訪問。他並沒有使用 Dr. Canavero 的豪言壯語，立場是：追求醫學突破是至為重要的，倫理爭議是其他人的事。他說，人們對昔日心臟移植手術以及最近的手和臉移植，都有一些直覺上的恐怖反應，但最重要的是教人克服對頭部移植想法的先天憎惡。

任曉平解釋，要充分解決三個關鍵的外科問題，人類頭部移植才有望成功。這包括：如何完整截斷脊髓，使其能夠完整地重新連接神經；如何在手術全程保持血壓，維持大腦在被截頭後生存；及如何避免移植後的器官排斥。

「如果這些問題得到解決，你就可以來問我什麼時候做第一次人類頭部移植？我會回答，『行，明天就做。』」他說。

記者問，沒有道德倫理問題嗎？任曉平堅持：圍繞我的研究工作的道德問題，不應由我解決。「我不能解決所有的問題。（那些）精神病學問題屬於另一個領域。」意思是人們質疑頭部接上別人的身體所帶來的身份疑惑，可以由精神病學專家解決。相信科學和醫學可以掃除或撇除倫理道德問題，這是「科學主義」心態。

任曉平可能是一個低調的醫學研究者，但他的國際夥伴 Dr. Canavero 在另一邊廂享受著媒體矚目。2017 年 4 月底，Dr. Canavero 突然宣佈，Valery Spiridonov 無緣成為第一個接受人類頭部移植手術的受試者，首宗人類手術將與任曉平團隊在中國進行。Dr. Canavero 沒有清楚說明為什麼 Spiridonov 不再是頭移植手術人選，但向 *Newsweek* 透露了改為在中國試驗首宗人類手術的一些考慮：「因為在

中國進行頭部移植，更容易得到中國捐贈者。」

51

2017 年 11 月 17 日，Dr. Canavero 又有興奮的宣佈。在維也納召開的記者會上，他宣稱在中國與任曉平醫生的團隊已經「成功以屍體完成人頭移植」，下一步希望盡快在腦幹死亡的病人身上做試驗。他承認，因為有爭議，手術在短期內難以推行至國際層面，但相信年內就可以在中國進行，又聲稱中國那邊的團隊已經準備好。

同行質疑他再次誇大：在屍體上進行試驗，僅是解剖研究，根本不能算是「移植手術」，遑論是什麼重大的突破。

任曉平醫生隨即在四天後會見媒體澄清，這次只是一次「人頭移植的模型」試驗，是為了解決進行「換頭術」之前的科學和技術問題。

12 月 1 日，我們生命倫理學中心有一個國際研討會，不是關於人頭移植，但與會者在進餐時偶然談到 Dr. Canavero 選擇在中國進行這十分有爭議的移植試驗，自然也聯想到中國內地的器官捐贈情況，包括使用死囚「捐贈」器官長期飽受國際抨擊，直至前年才狠下決心改革。我說，依我判斷，今天的中國政府未必肯批准那樣野心勃勃不問倫理原則的實驗。說時我還未注意到，前衛生部副部長黃潔夫醫生剛在 11 月 25 日在接受英文版《中國日報》時表示，「中國絕對不允許這種臨床試驗在中國進行。」

黃潔夫有幾個重要身份：移植外科醫生、原衛生部副部長、2014年 3 月成立的中國人體器官捐獻與移植委員會主任，領導著中國器官移植制度的改革。他向記者說，委員會正在採取措施，阻止哈爾濱醫

科大學允許任曉平開展臨床試驗，更斬釘截鐵地斷言，「脊髓神經修復、腦神經細胞修復目前在全世界範圍內都是尚未解決的難題，在屍體上開展試驗是毫無意義的荒唐炒作。在沒有任何可信的動物試驗基礎上，採用兩具捐獻的遺體進行相關試驗是違反法規，涉事的高校倫理委員會應為此問責任。」

52

12月1日上午，黃潔夫接受《北京青年報》記者採訪，更完整地說明看法。他說，無論是技術層面，還是倫理方面，「換頭術」都是不可行的。

「換頭術」的動物試驗早在上個世紀五十年代就有，前蘇聯科學家把狗的頭移植在另一隻狗的背上，成了「雙頭狗」。這隻狗只存活了三天。七十年代，美國的科學家以狗隻做了多次試驗，但脊髓中樞神經並不能融合再生。

對於 Dr. Canavero 宣稱成功利用一種溶劑可以把頭部和身體對應的神經黏合再生，黃潔夫判斷純屬炒作，因為接駁神經再生不是這樣簡單的事。他提到美國有文章評論說，這就像是聲稱把大西洋底的光纜切斷，可以再用膠水黏起來。如果真有這樣神妙的方法，理應可以馬上用於截肢病人，只要接駁上捐贈的肢體，令神經重生，豈非不須使用義肢了？但是肢體移植的技術仍然一直未能成功。「在（周圍神經接駁）還沒有進展的情況下，頭顱移植在技術上顯然更不可能。1都沒有，怎麼能去做 100？」他說。

技術上未可行，倫理上更要小心。「如果真的允許『換頭』，那

是頭算人，還是身體算人呢？」黃潔夫不認同（腦）神經系統就等同是人的主體。「從我一個外科醫生的角度來看，人身上每一個活著的細胞都是這個人的一部分。而且在我做器官移植的經歷中，確實有許多案例證實，器官被移植後，受體可以通過被移植的器官接收到供體資訊。從某種角度來說，你存在於你身體的每一個細胞裡。」他舉了一個例子：上世紀七十年代，中國曾經成功進行睪丸移植手術，父親的睪丸移植給兒子。後來兒子有了孩子，但到底算是誰的孩子？爭論之餘，中國取消了睪丸移植手術。如果頭顱移植能夠成功，那這個活下來的人將來要是有了孩子，孩子應該屬於是頭顱的供體（即全癱病人），還是軀體供體（即捐贈者）？

黃潔夫問，為什麼「換頭」地點選在中國？Dr. Canavero 是在意大利都靈做研究，但「換頭術」在意大利聲沉影寂，才將手術地點選在了中國。黃潔夫引述有外媒指「因為中國是一個最沒有倫理底線的國家」，強調這種「第一」不是中國的光榮。

在訪問之末，他說頭顱移植的科學研究沒有問題，但在人的身上進行臨床頭顱移植是完全不同的概念。不是根本上反對研究，而是反對這種炒作。「設想一下，如果你是遺體捐贈者的家屬，你會願意親人的遺體被用於這麼粗糙的試驗嗎？如果我們把在動物試驗中都沒有取得成功的技術，用在兩個充滿愛心的捐贈者身上，這是對生命最大的不尊重。」

53

2018 年 11 月底，第二屆人類基因組編輯國際峰會在香港舉行，

這是由新近創立的香港科學院、倫敦英國皇家學會、美國國家科學院和美國國家醫學院聯合舉辦的盛事，但在會議前幾天，焦點忽然落在深圳南方科技大學賀建奎副教授的「基因編輯嬰兒」試驗上。

「經基因編輯的一雙孿生女嬰兒已在中國深圳誕生！」

我在會場內聽眾席上，適逢其會見證了事件的震撼，和與會講者對賀建奎的質疑。

據 BBC 觀察，賀建奎對研究的爭議性是早有準備。他聘有公關公司發放回應，預早準備了五個宣傳視頻，放在了 Youtube 和中國視頻平台優酷上；他與合作夥伴覃金洲博士分別介紹了試驗研究的內容，並宣佈兩名經過他的實驗室進行基因編輯的女嬰露露和娜娜，在峰會的幾周前已「健康地」問世。

數十個中外和香港本地媒體的幾百名記者蜂擁而至，看安排在會議第二天（11 月 28 日）演講的賀建奎會不會現身說法。

高峰會主辦者尊重發表自由，特別安排半小時由兩位科學家主持人詰問賀建奎，給他充分空間解釋回應。

台下聽眾排隊發問，保持著學術禮貌。沒有安排記者發問，半小時完了賀建奎就悄然離去。中國百多名科學家迅速聯署聲明，強烈譴責；政府部門表態將對實驗程式是否合規合法展開調查；與賀建奎有關聯的大學與醫院紛紛撇清關係；媒體深挖賀建奎及其公司的背景；律師也聯名建議「司法機關介入調查，依法追究責任」；網民口誅筆伐。賀建奎從世界視線上消失，被廣東省有關當局立案調查。

這年底，科學期刊《自然》發佈 2018 年度十大科學人物榜單，賀建奎作為「反面人物」位列榜單之中。《自然》的特寫文章批評賀引起了世界規模的混亂，指即使其研究的出發點可能是開關對付疾病

的新方向，但魯莽的試驗完全違反道德規範，並將阻礙未來有關基因編輯研究的撥款。

文章說，「他在世界舞台上登場得匆匆，消失得也匆匆。」

54

《自然》雜誌為賀建奎起了一個貶損的稱號：「CRISPR rogue」。CRISPR 是用來編輯基因的技術的簡稱，rogue 的中譯是「無賴、流氓」，rogue scientist 即是「流氓科學家」、科學界的「下三濫」人物。中文媒體有些用「科學狂人」、「瘋狂科學家」的字眼起標題。

賀建奎或者會對這些稱號嗤之以鼻。他曾在多個場合說，知道自己的試驗研究會有爭議，他願意為有需要的家庭接受指責。他更自信地說，「我們堅信歷史（倫理）終將站在我們這邊。」（We believe ethics are on our side of history.）

他是不是「流氓科學家」、「科學狂人」？嚴格地說，賀建奎從事的，屬於科技應用試驗多於科學研究。這次試驗沒有解決任何科學研究難題，只是率先衝破倫理界線，用 CRISPR 技術去改變胚胎的基因，並讓「基因編輯嬰兒」生到世上。他認為自己在做的事情與 1978 年 Robert Edwards 與 Patrick Steptoe 以 IVF 技術把第一個「試管嬰兒」Louise Brown 帶到世上一樣，當時他們不也令世人震驚、受人譴責嗎？回頭看不是造福很多人，突破的成果不是贏得諾貝爾獎嗎？

這個類比是否能讓「基因編輯嬰兒」合理化？聽上去有些道理，細看有重要的分野。Edwards 是窮十年的努力研究並且克服了同行未能解決的難題，取得突破；反對 IVF 的聲音主要來自宗教界和神學

家，IVF 並無衝擊生物研究界的道德規範底線；「試管嬰兒」並無改變遺傳基因的長遠擔憂。

在高峰會安排的詰問環節中，賀建奎被問到為何秘密進行試驗，而不是公開透明地預先接受同行審視？賀回答說他請教過最少四位國際專家學者，討論自己的研究計劃。

其中兩位學者是父子：Dr. William Hurlbut 是神學和生物學哲學學者，在史丹福大學的醫學中心神經生物學系任顧問教授。兒子 Benjamin Hurlbut 是亞利桑那州立大學的生物醫學歷史學家。兩人從 2017 年起與賀建奎多次討論為預防愛滋病而進行基因編輯的概念，反對賀的想法，但相信他是一個「有善意和有想法的科學家」（well-meaning and thoughtful scientist），他們都不覺得他像「流氓」。但是兩人都不知賀的團隊已動手進行計劃。

55

在香港舉行人類基因組編輯國際峰會兩個星期前，我應邀往上海參加第八屆生命倫理學學術會議，賀建奎也是講者。這會議有一個環節是專題辯論，論題是「我國會不會出現類似『幹細胞亂象』的『基因編輯亂象』？」參與者的正反辯論讓我認識到現今內地管理科學研究倫理的挑戰。賀建奎在這場合似乎頗受尊重，他不多發言，說話是態度平和，我當時的印象與上述兩位父子學者相近。因此，當我在短短十數天後在香港的峰會聽到他為自己進行的試驗自辯，提出的論點如此粗疏，近乎自圓其說，不免驚訝。更驚訝的是其後有本地記者讓我看了賀在 2017 年在央視「迎十九大」節目一段宣傳意味頗重的訪

問，表現得躊躇滿志。節目盛讚賀建奎和他的團隊成功發展出新一代基因測序儀，有望將人類基因解碼的價格降十倍，而速度提升十倍。賀建奎在節目結束時興奮地說，「技術的顛覆性的創新就是這樣，可以分分鐘把前面的巨人航母摧毀掉，但是下一個顛覆性可以分分鐘把我們幹掉。」他有些孤注一擲的冒險豪情，與學術場合的平和表現十分不同。

這讓我再次想到「誠信」的多層次概念（見 49 節）：研究者的誠信，最深刻的一層是，研究宣稱的目的有沒有自欺欺人之嫌？

在與史丹福大學 William Hurlbut 討論應否為預防愛滋病而在胚胎進行基因編輯的時候，Hurlbut 提醒賀建奎，在前沿的研究試驗，保持審慎（prudence）是有必要的：「如果科學不在同道對它的（規範的）普遍理解和在公眾接受的情況下同步前行，就會造成矛盾和不信任。」賀反駁說，在中國，愛滋病毒感染者是如此被視為社會的棄兒，他堅持為他們減輕「社會痛苦」是義無反顧的理由，即使要跑在輿論前面，也不應退縮。

56

在這樣複雜和充滿爭議的倫理問題上，「義無反顧」與「剛愎自用」的分界線是幽微的。我們不容易推斷科學研究的真正動機是出於正義感，抑或是以正義的外衣包裝，自設道德高地。這就是為什麼自七十年代建立的研究倫理管治模式，重視有獨立程式的審查，作為規範。程式審查的核心觀念是充分尊重受試者的知情同意權利，以及嚴防剝削及操控處於弱勢的群體。這些群體，例如弱智人士、囚犯、起

居依靠他人照顧的老人、兒童、在社會上處於邊緣和遭受歧視的人，稱為「容易受損群體」（vulnerable populations）。賀建奎清楚知道愛滋病毒感染者是「容易受損群體」。

賀的道德說辭是，他的團隊對胚胎進行早期基因手術，以CRISPR-Cas9技術剪掉一段名為CCR5的基因，能令嬰兒生下來就具有對愛滋病毒的免疫力。他刻意界定受試者夫婦參與試驗的條件是，男方是愛滋病毒感染者，女方無感染。這些夫婦憂慮一旦孩子也受愛滋病毒感染，未來就會處身於受歧視的世界。

他的研究計劃透過內地愛滋病組織「白樺林」的負責人白樺協助，尋找項目對象，從150至200個有意參與的家庭中，介紹50個合符要求的家庭給賀建奎團隊。事件曝光後，白樺接受了香港電台訪問，說與兩個參與過項目的家庭溝通，明顯感覺到他們沒有充分理解實驗的風險。對於技術造成的潛在風險以及倫理問題等，兩個家庭也沒有太多理解或考慮。白樺表示當初賀建奎接觸他時，提供了一些不容易理解的文件，其中描述基因編輯能有如「基因疫苗」。他曾質疑這不能通過倫理委員會，賀建奎表示沒有問題。

中西媒體都從網上取得與這項研究相關的知情同意書（英語版）。細讀之下可以見到好些問題，例如：

在第三條中，提到實驗會有「脫靶」（off-target）等風險，也提到了有不同檢測手段，可以最大程度地減少造成重大傷害的可能。但項目組不承擔脫靶帶來的風險，因為這「超出了現有醫學科學和技術的風險後果」。

這是明顯地保護研究團隊的條款。科學界有共識，目前的CRISPR技術並不是那麼準確。研究的目標基因是CCR5，但剪輯時

可能歪打其他不是目標的基因，後果難以預料。正是因為 CRISPR 的準確度和安全性成疑，所以絕不能貿然做人類的活體試驗。這條款倒轉了邏輯，說是因為這風險超出現有科學技術，所以對後果恕不負責！問題是，決定使用這未成熟的技術的一方，正是他的研究團隊。

57

香港愛滋病專家李瑞山醫生在報章撰文，嚴厲駁斥賀建奎的解釋，指摘他是「騎劫」了防治愛滋病的正當目標。為什麼這樣說？李瑞山指出，現有避免孩子受愛滋病感染的方法已十分有效，毋須動用極為入侵性而且安全性未知的基因編輯科技。他判斷，「科技人聰明地選擇了 CCR5 基因作試點，因為此基因功能已被抽絲剝繭，毋須再作科學研究。基因編輯方法並非科技人所創，他只是找個好藉口，巧妙地招攬沒有受愛滋病毒感染的母親摘取胚胎，進行編輯工程。只要父親已接受抗病毒治療，母親不可能受感染，而女嬰根本完全沒有可能感染病毒。預防愛滋病只是煙幕，看起來一定『成功』，再追蹤 18 年也不會發生感染。」

換句話說，科技基礎全是現成的，選取做試驗的對象本身無特別受感染的風險，試驗可以立於不敗之地，而且利用父親染有病毒的家庭保護孩子的心理，以免費的 IVF 協助生育，方便招募受試者。

這項實驗的巧妙地方是，無論實驗的倫理原則是否糟糕，甚至無論雙胞胎未來如何成長，最起碼她們是因為有這項實驗，才來到世上。而且，如果將來她們因 CCR5 基因被剪輯過而出現其他毛病，也沒有方法證明一定與基因編輯有因果關係。

這一次中國科學界的反應很大，而且迅速。消息在國際傳出，而人類基因組編輯國際峰會尚未在香港揭幕之際，122 位中國科學家已經發出聯合聲明：強烈譴責這項試驗，聲明的主要內容：

> 這項所謂研究的生物醫學倫理審查形同虛設。直接進行人體實驗，只能用瘋狂形容。CRISPR 基因編輯技術的脫靶問題不解決，直接進行人胚胎改造並試圖產生嬰兒的任何嘗試都存在巨大風險。此項技術早就可以做，沒有任何創新，但是全球的生物醫學科學家們不去做、不敢做，就是因為脫靶的不確定性、其他巨大風險以及更重要的倫理。這些不確定性的可遺傳的遺傳物質改造，一旦作出活人就不可避免的會混入人類的基因池，將會帶來什麼樣的影響，沒有人能預知。確實不排除可能性此次生出來的孩子一段時間內基本健康，但是程式不正義和將來繼續執行帶來的對人類群體的潛在風險和危害是不可估量的。

如前面第 54 節說，這事件未必是「瘋狂科學家」的孤立行為。在「基因編輯嬰兒」的試驗個案，全幅的事實在本書定稿一刻仍然未明。但是明顯地，事件已造成損害：世界對中國內地科學研究的倫理規範水準的信心進一步削弱。

58

新西蘭奧塔哥大學的生命倫理學教授聶精保有文章問：「為什麼是他？為什麼在中國？」

聶精保說，這些都是極其複雜的問題，需要許多深入的調查。但從宏觀的社會學和歷史角度來看（聶精保是研究社會學出身），出現賀建奎的事件並不奇怪。中國的政治和社會體制力量，為研究人員衝擊大膽但道德上有問題的「世界第一」目標，創造了肥沃的土壤環境。賀的人體實驗是他個人野心的一項成果，中國追求科技創新，則是超級大國夢想的一部分。賀建奎是中國科技界的新星。在美國，他從本業生物物理學轉向遺傳學，特別是基因編輯技術，因為這有更大的潛力。他從美國回到中國，是因為他相信自己能夠在那裡「幹大事」。

回國後他獲得許多榮譽和慷慨的財力支援，通過深圳的人才計劃，被深圳南方科技大學招募。2018 年，他剛被提名中國科學技術協會中國青年科學技術獎，更入選了中央政府的最高科學專案「千人計劃」，屬於國家在前沿領域的發展策略的中堅分子。

在回國短短五、六年的時間裡，他也成為中國創業明星。通過政府、國內和國際投資，他已成為至少七家基因公司的擁有者和重要股東，市值至少幾十億元人民幣（超過五億美元）。這些生意與他的研究計劃有無利益關係，尚未清楚，儘管他和他的團隊在 11 月 28 日發表在網上的一篇關於基因編輯倫理的論文中，宣稱沒有交叉的經濟利益（no competing financial interests）。

事件中經過基因編輯的嬰兒在深圳和美婦兒科醫院出世，網上曾傳出一份疑似這間醫院的醫學倫理委員簽署的醫學倫理審查申請

書，醫院宣稱相關文書簽名涉嫌造假，但未否定文件的內容。聶精保注意到，申請書的行文充滿了富有國家民族主義感情的、軍事競賽式的語言：（研究專案）將佔據整個基因編輯技術領域的制高點；將在基因編輯技術日益激烈的國際競爭中脫穎而出；這項創造性的研究將比獲得 2010 年諾貝爾獎的試管授精技術更有意義，並帶來無數嚴重遺傳疾病治癒的曙光，云云。

姑且不論文書上的簽名有無造假，這種簡單粗糙的倫理審查申請，離國際上對機構、對研究審查的標準很遠。中國怎樣提高審查的能力、透明度和自主性，已成當務之急。

59

無論怎樣看，我都不覺得賀建奎像「流氓科學家」。他比較像是沉醉於「顛覆性的創新」的投資冒險家，而且差一點就賭博成功了。他並不是科學界與科技界裡面唯一一個認為應打破成規的人。如果世界的反響不是那麼大，說不定這個「世界第一」真的可以衝擊現有的倫理規範底線，即人類基因編輯的研究試驗不准應用於生育下一代。

若說「流氓科學家」，有一個美國生殖專家比賀建奎更合資格。他是一個出生於塞浦路斯的美國人，名叫 Panayiotis Zavos，從 2004 年起不斷聲稱在進行複製人研究，先是宣佈成功複製人類胚胎，2006 年成功發表文章於《生殖學期刊》（*Archives of Andrology*）引起轟動。此後，他陸續宣稱至少八次的「複製人」實驗，常說只是差一步就能成功。他在媒體成為「瘋狂科學家」新聞的常客，至 2009 年曝光程度達到高峰。這一回，他請來一個獨立的紀錄片製片人，向英國《獨

立報》作證說，Zavos 真的在進行克隆胚胎（embryo cloning）試驗，已經克隆了 14 個人類胚胎，並將其中 11 個植入到四個婦女的子宮中，準備產下克隆嬰兒。

這次曝光的「亮點」故事是一個十歲時在車禍中喪生的小女孩 Cady。Cady 死後，血細胞被冷凍並送到 Zavos 那裡，他聲稱把 Cady 的細胞核與牛的卵子融合，形成了一個可以克隆的「人類─牛」的雜交胚胎。他說沒有打算把雜交胚胎轉移到人類子宮中，但聲稱已獲得 Cady 的母親同意，只要能讓 Cady 複製出生，她將批准試驗。Zavos 認為，雖然雜交胚胎只是在試管中發育出來用於研究，但日後可以從冷凍的雜交胚胎中提取屬於 Cady 的細胞核出來，與另一個抽空了的人類卵子融合，這雙重克隆過程就可以產生一個人類胚胎，讓 Cady 複製再生。

關於 Zavos 的最新新聞是他因為生育服務中的灰色行為被捕。這些被控的罪行看來不致重判入獄，也不是因為以上種種聲稱在美國境外秘密實驗室進行的克隆試驗，但就印證了「流氓科學家」的形象。

60

生物科技飛躍得很快，不容易預測未來會躍過怎樣的倫理界線，但在書寫這一章的時候，在 2018 年除夕，可以預見陸續有來的轟動消息（不論是喜是憂），將會在「人類基因編輯」和「克隆複製」兩個範圍內出現。

2018 年中國有另一個「世界第一」的突破轟動世界，沒有像「基因編輯嬰兒」那麼招來惡評。這年 1 月，中國研究團隊成功克隆了兩

隻長尾獼猴，取名為「中中」和「華華」。這是世界首次用體細胞克隆出靈長類動物（之前美國於 1999 年克隆出了恆河猴 Tetra，只是在胚胎極早階段把細胞團一分為二，令單胞胎變雙胞胎），距離掌握複製人類的技術可能只有一箭之遙。

中國研究人員使用了 20 多年前蘇格蘭科學家 Ian Wilmut 複製出綿羊 Dolly 的技術，克服了幾個難題，才成功讓「中中」和「華華」出世。Dolly 在 1996 年出世，消息在 1997 年公佈，是第一頭用成熟體細胞複製的哺乳動物，以前的哺乳動物複製都是用胚胎細胞。在 Dolly 出生之前，研究人員認為將成年細胞帶回到原來的未分化狀態是不可能的。複製 Dolly 的技術稱為「體細胞核轉移」（somatic cell nuclear transfer，SNCT）技術，先從未受精的卵細胞移除細胞核（「去核」步驟），用作載體，再注入被複製的生物的細胞核（「注核」步驟），以高壓電擊使其結合，在體外培育，然後植入孕母體內生殖。

在 Dolly 誕生之後，世界各地的研究人員用 SNCT 技術陸續複製了 20 多種哺乳動物，包括牛、貓、鹿、狗、馬、騾子、兔子和大鼠等。

2013 年，日本神戶理化學研究所發育生物學中心宣佈了一項重要的突破：他們研發的新技術可以把複製 Dolly 的 SNCT 技術的成功率提高五倍，而且成功地複製了小鼠連續 25 代，共有 581 隻健康的小鼠被複製出來。在這之前，多代複製的嘗試大都失敗，連續複製這許多代而成長健康的例子更是沒有。

61

「中中」和「華華」是中國科學院神經科學研究所研究員孫強的

團隊複製的，在上海分院出生。團隊從獼猴胎兒細胞取細胞核，複製出 149 個早期胚胎，其中有 79 個在實驗室中存活，移植到代孕母猴的子宮內，四隻母猴懷了孕，只有兩個活產。他們用胎兒細胞作為複製的起點，因為成功率比用成年動物的成熟體細胞較高。

即使用胎兒細胞作為起點，製造 149 個複製胚胎，最終也只孕育誕生了「中中」和「華華」，可見複製靈長類動物並不容易。

體細胞克隆猴的研究成果，發表在國際學術期刊《細胞》上，孫強為論文通訊作者，中國科學院神經科學研究所所長蒲慕明是論文署名作者。在發佈喜訊時，兩人強調：「我們不會克隆人，也沒興趣。」

為什麼這樣肯定？訪問中並沒有進一步說明。他們沒有斬釘截鐵地說，克隆複製人類是違反了什麼倫理準則，只是強調「我們不會」和「沒興趣」。

「我們不會」和「沒興趣」大概還是屬於科技研究團隊自律的概念。如果他說「我國絕不容許克隆人」，會比較讓人放心。

在另一篇文章，《科技日報》記者訪問了華中科技大學生命倫理學研究中心主任雷瑞鵬教授，這篇訪問文章有一個醒目的標題：「我們有倫理高壓線」。高壓線是通了電的阻隔。雷瑞鵬具體說明，2003 年 12 月，科技部和原衛生部聯合發出《人胚胎幹細胞研究倫理指導原則》，明確規定，以人類胚胎幹細胞進行的克隆研究只允許在醫學治療範圍內開展，即所謂「治療性克隆」（therapeutic cloning），而且研究也要遵循規範。《原則》禁止「生殖性克隆」（reproductive cloning），即是禁止為生殖目的而進行人類克隆複製。

關於「治療性克隆」和「生殖性克隆」的分別，下面第 62 節會再談。這兒要想一想的是，發出了倫理指導原則是否就是有效的「倫

理高壓線」？按 2003 年的規定，如果嚴格遵守的話，應該也不會出現賀建奎事件中的「基因編輯嬰兒」試驗的，但偏偏出現了，可見問題是不會因「倫理高壓線」而杜絕。

嚴肅的條文對商機處處的產業市場沒有很大的約束力。在中國，就曾出現了所謂「幹細胞亂象」。醫療以至美容機構宣稱可以提供五花八門的「幹細胞療法」，治療包括腫瘤、小兒腦癱、糖尿病、股骨頭壞死等嚴重疾病，以及美容回春，向患者收取高昂費用。《自然》雜誌兩次報道表示關注，最終市面上的「幹細胞療法」要由政府當局叫停。繼前述《人胚胎幹細胞研究倫理指導原則》之後，2016 年 10 月，國家衛生和計劃生育委員會又發佈《涉及人的生物醫學研究倫理審查辦法》，具體列明倫理委員會應當如何審查涉及人類的生物醫學研究。

規定與辦法不能流於一紙政令，要變成對研究試驗的實際規範才算有效。這是不簡單的一段路，而且是「逆風」而行，逆著社會上急功近利、輕視誠信的文化和風氣。成立負責審查的倫理委員會也需要有及格的成員，他們要有知識基礎和獨立思考的能力。這同樣是「逆風」而行：逆著「上行下效」的集體思維，忠實履行審查責任。

62

實在地說，複製猴子的目的是什麼？是為創新科技產業。

複製動物的動機本來很多樣化。例如在畜牧業，複製羊和豬是為生產性能優良的種畜和保存體細胞種原；結合基因組改造技術，先改造然後複製，可以選殖高生產性能家畜，例如高肉質、抗寒、抗

熱、抗病的品種。

複製動物也可以用於野生哺乳物種，這是為保存及復育瀕臨絕種動物。

更前沿的研究在生物醫學。複製經基因改造的動物，可以成為「生物工廠」，生產用於醫療的生物製劑、組織，有一天或者可以大量養殖生產適用於移植手術的器官，例如透過基因改造豬隻，希望生產低排斥性的器官，供人類移植。

目前中國研究人員複製獼猴是為生產「基因一致」的動物，供生物醫學研究。上海研究團隊在這裡見到重大的商機。在上述訪問他們透露，克隆猴的技術本身沒有專利權，商機是要利用目前中國團隊擁有的（可能是全世界最好的）「去核」和「注核」技術（見第 60 節），快速做出疾病的動物模型，去申請專利。

什麼是「疾病的動物模型」？在複製獼猴研究計劃，這是用各種技術製造有基因缺陷的病猴，用以模擬人類各種疾病，供醫藥研究（例如研發腦疾病藥物）。在目前允許用於科研的動物，獼猴是與人類最相近的靈長類品種。

在國際上，近年反對以猿猴和猩猩供實驗研究的聲音逐漸壯大。不少國家陸續停止使用猿猴於科學研究，尤其是會對猿猴造成痛苦的研究，有些國家已著手立法禁止。澳洲自 2009 年停止進口研究用的獼猴，並諮詢公眾是否應該永久禁止。英國禁止使用黑猩猩於研究，但尚未禁止以猴子為實驗品。美國仍然准許用黑猩猩做科學研究，但正受到強力而且固執的挑戰，包括糾纏不休的訴訟。有相當的研究發現，靈長類動不但有高智能，而且它們形成的複雜社會關係也與人類相似。靈長類動物體驗情感的方式可能類似人類，因而引起問

題：應否容許讓牠們遭受侵入性的研究的折磨？這是近年討論動物權利（animal rights）的一個重點。這也在現今生命倫理學的範圍。

相反，中國每年有大量養殖獼猴出口到海外用作實驗。蒲慕明指，模式動物是一個巨大的市場，世界上最著名的公司是美國的 Jackson Laboratory，出售 7,000 多種基因編輯小鼠。他預言：「克隆猴技術將造就一個中國的 Jackson Laboratory。」未來上海或將建立國際非人靈長類研究中心，鞏固中國的國際大科學計劃：「你（海外）想用某個疾病的克隆猴模型，可以，我們不出口，要用的話，來上海用！」

短短一年之後，同一研究團隊宣佈新突破：他們製造了五隻基因相同、人造基因缺失也相同的複製獼猴，全部有晝夜活動紊亂、睡眠障礙，表現出焦慮和精神分裂症的症狀，宣稱可以成為研究睡眠障礙和精神病的模型。方法是用 CRISPR 敲除一個猴胚胎中的生物節律核心基因 BMAL1，再克隆繁殖一批 BMAL1 缺失的獼猴。

這宗新聞在中文媒體以「失眠抑鬱症人群福音？」起標題，國際媒體卻有聲音質疑殘忍。

63

複製人類是否一定不會發生？看過去 20 年全球紛紛揚揚的討論和試行規範的進程，我看還難以斷言。早在 2001 年，《新科學》雜誌（*New Scientist*）就有評論文章說：對於複製人類我們早晚都得面對抉擇：是試圖嚴厲禁絕還是進行規管？作者主張與其讓它在地下發展，不如使它公開化、合法化。

在當時，全球有 20 多個國家明令禁止複製人，更多國家正在或將要制定有關法律。可是據科學界人士估計，在世界不同地區公開和秘密進行前期實驗的研究小組也有大約 20 個。

建立規管共識的努力由來已久。聯合國教育、科學及文化組織（United Nations Educational, Scientific and Cultural Organization，UNESCO）在 1997 年曾經召開大會，通過一份關於禁止複製人實驗的世界宣言。這只是一份無力的宣言，2002 年，聯合國又試行制定《禁止生殖性克隆人國際公約》（以下簡稱「公約」）。一個特別委員會（Ad Hoc Committee on an International Convention against the Reproductive Cloning of Human Beings）在紐約聯合國總部兩次召開工作組會議，約 80 個國家出席，包括中國。

會議爭持不下是意料中事。美國及西班牙、意大利等國家的立場含有較強烈的基督教與天主教的價值觀，堅持任何涉及人類複製的研究也要一律禁止。中國的立場與法國、德國接近，支持區分兩個範圍的克隆研究，主張「公約」應禁止「生殖性克隆」，但容許「治療性克隆」的發展。

這有一定的合理性。「治療性克隆」研究將個體的細胞（例如皮膚細胞）以各種技術轉化為幹細胞，再誘使它分化成所需的細胞類別（例如肝臟或心臟細胞），用來治病。它有清晰的目的，是醫治疾病，克隆複製胚胎，是為擷取胚胎幹細胞。

「公約」協議，應把研究限於胚胎的頭 14 天，這一條界線相當於胚胎開始出現「原痕」的階段（見第 20 節），14 天之後就要銷毀，不准許植入子宮懷孕。

相反，「生殖性克隆」的目的正是創造胚胎以供生殖之用。胚

胎不銷毀，更要植入子宮懷孕而成為新生命。這是一種「無性生殖」（asexual reproduction）。複製羊 Dolly、複製獼猴「中中」和「華華」的誕生就是這樣的創舉。

複製動物的動機在上一節已有提及，研究人類的「生殖性克隆」如果不是用於治療疾病，那目的是什麼？

常被提出的一種目的是「療癒」痛失親人的哀傷，例如痛失孩子的父母希望尋求再育一個基因特徵一模一樣的嬰兒，Cady 的母親就是這樣（見第 59 節）。另一個目的是也許有人非常欣賞自己，會希望「永續生命」，造一個複製的「自己」？當然複製了的「自己 2.0」版本其實會成長為另一個人，但這背後的想法其實是精英心態的優生學（eugenics）──挑選優秀的人類品種來克隆複製，不是有助人種進化嗎？

2005 年，聯合國召開特別會議，激烈爭論之餘，各國的意見還是兩極化。結果又是通過一項無約束力的聲明，只能呼籲各國政府禁止任何形式的人類胚胎複製。

到 2008 年，各國對胚胎幹細胞的醫學研究早已熱火朝天，UNESCO 屬下的國際生物倫理學委員會（International Bioethics Committee，IBC）再次努力，希望確立有實質內容的國際規範。它的建議是通過一項最高層次的、具有法律約束力的國際公約，禁止「人類生殖性克隆」，對於「治療性克隆」研究則建議各國自行制定嚴格指引，規範人類胚胎和幹細胞的研究和試驗。

這國際公約最終也沒有誕生，但是禁止「生殖性克隆」逐漸成為國際共識。下一個問題是：「生殖性」真的可以與「治療性」截然劃分嗎？如果有一天通過基因編輯可以根治嚴重的遺傳性疾病，如囊

腫性纖維化（cystic fibrosis）或地中海貧血（thalassemia），這既是為治療也是為生殖而編輯了基因，那應否破例？牛津大學尤希羅實踐倫理學中心（The Oxford Uehiro Centre for Practical Ethics）主任 Julian Savulescu 認為，實際效益比其他道德原則重要，提出了一些反對禁絕「生殖性克隆」的理由，相信科學界也有研究者會欣賞贊同。

鋒銳的生命科技總要挑戰甚至衝擊倫理規範的界線，這似乎是不能被禁絕的。關鍵問題或者還是「誠」和「信」：醫學目的真的是唯一的研究目的嗎？人們應該信任科學研究者和創新科技的開發者能堅持道德倫理上的自律？用於自律的倫理原則有沒有成為銳意推進研究的奴僕？

參考資料

節

44　Roger-Pol Droit 著、陳太乙譯，《解釋給每個人聽的倫理學》，聯合文學出版社，2018 年，70 頁。

陳家亮，〈醫生誠信的考驗〉，《明報》，2016 年 6 月 20 日。

Zoë Corbyn. "Misconduct is the Main Cause of Life-sciences Retractions", Nature, 1 October 2012; https://www.nature.com/news/misconduct-is-the-main-cause-of-life-sciences-retractions-1.11507

45　翁詩鑽，〈另類醫學倫理旅遊：從達豪到紐倫堡，反思國家與個人權利的拉鋸〉，The News Lens，2016 年 6 月 11 日。https://www.thenewslens.com/article/41505

46　翁詩鑽，〈另類醫學倫理旅遊：從達豪到紐倫堡，反思國家與個人權利的拉鋸〉，The News Lens，2016 年 6 月 11 日；https://www.thenewslens.com/article/41505

李瑞全，〈生命倫理學五十年〉；http://in.ncu.edu.tw/phi/teachers/lee_shui_chuen/course_onnet/life.html

47　區結成，〈人體試驗對象：誰是脆弱者？〉，《信報》，2017 年 10 月 9 日。

叢亞麗，〈《赫爾辛基宣言》縱橫談〉，《中外醫學哲學》，Vol 4，Issue 2，85-118 頁，2002 年；https://repository.hkbu.edu.hk/cgi/viewcontent.cgi?article=1217&context=ijccpm

48　區結成，〈人體試驗對象：誰是脆弱者？〉，《信報》，2017 年 10 月 9 日。

50　〈瘋子、病人和野心家：三個鐵心要做「人類頭部移植」的人〉，端傳媒；https://theinitium.com/article/20160514-dailynews-human-head-transplant/

"Chinese Surgeon Prepares for World's First Head Transplant", South China Morning Post; https://www.scmp.com/magazines/post-magazine/health-beauty/article/1926361/chinese-surgeon-prepares-worlds-first-head

"Head Transplants: Sergio Canavero Says First Patient Will Be Chinese National, Not Valery Spiridonov", Newsweek; http://www.newsweek.com/head-transplant-sergio-canavero-valery-spiridonov-china-2017-591772

〈換成中國人！俄首位「換頭」自願者無緣手術：自己想辦法〉，ETtoday 新聞雲；https://www.ettoday.net/news/20170623/951311.htm#ixzz5HE8tewub

51 "Head Transplant 'Never' to be Allowed", China Daily; http://www.chinadaily. com.cn/china/2017-11/25/content_34967939.htm

52 〈黃潔夫:「換頭術」這個很醜的第一不要也罷〉,香港文匯網,2017 年 12 月 2 日;http://news.wenweipo.com/2017/12/02/IN1712020006.htm

53 〈基因編輯嬰兒:賀建奎五條倫理原則與醫學進步〉,BBC 中文,2018 年 11 月 29 日;https://www.bbc.com/zhongwen/trad/chinese-news-46362109

〈基因編輯:賀建奎香港基因學術峰會問答實錄〉,BBC 中文,2018 年 11 月 28 日;https://www.bbc.com/zhongwen/trad/chinese-news-46367524

〈《自然》年度十大人物:天才少年曹原居首,賀建奎來去匆匆〉,知乎, 2018 年 12 月 19 日;https://zhuanlan.zhihu.com/p/52756970

54 〈賀建奎談基因編輯嬰兒:相信倫理會站在我們這邊〉,《21 世紀經濟報道》, 2018 年 11 月 26 日,見「第一財經」,2018 年 11 月 27 日;https://m.yicai. com/news/100067352.html

"He Took a Crash Course in Bioethics, then Created CRISPR Babies", Stat News, 27 November 2018; https://www.statnews.com/2018/11/27/crispr-babies-creator-soaked-up-bioethics/

55 〈賀建奎曾上央視「迎十九大」節目 被譽「第三代基因測序儀鼻祖」〉, 《明報》,2018 年 11 月 29 日;https://news.mingpao.com/ins/ 兩岸 / article/20181129/s00004/1543503070231/【短片】賀建奎曾上央視「迎十九大」 節目 - 被譽「第三代基因測序儀鼻祖」

〈賀建奎曾上央視迎 19 大 被稱基因新牛人〉,中國瞭望;http://news. creaders.net/china/2018/11/29/2023679.html

"He Took a Crash Course in Bioethics, then Created CRISPR Babies", Stat News, 27 November 2018; https://www.statnews.com/2018/11/27/crispr-babies-creator-soaked-up-bioethics/

56 〈內地愛滋病組織曾協助賀建奎找研究對象 稱感難過後悔〉,香港電台, 2018 年 11 月 28 日;http://news.rthk.hk/rthk/ch/component/k2/1430632-20181128.htm

〈「基因編輯嬰兒」知情同意書曝光:感染艾滋不負責,資金來源南方科技大 學〉,搜狐,2018 年 11 月 27 日;http://www.sohu.com/a/278214489_115479

57 李瑞山,〈騎劫愛滋病事件簿〉,《明報》,2018 年 12 月 2 日。

〈122 位科學家發聯合聲明:強烈譴責「首例免疫愛滋病基因編輯」〉,科 學網(來源:騰訊科技),2018 年 11 月 26 日;http://news.sciencenet.cn/ htmlnews/2018/11/420386.shtm

58   Jing-Bao Nie. "He Jian-kui's Genetic Misadventure – Why Him? Why China?",
      BMJ Blogs, 6 December 2018; https://blogs.bmj.com/medical-ethics/2018/12/06/he-
      jiankuis-genetic-misadventure-why-him-why-china/

59   "Fertility Expert: 'I Can Clone a Human Being' ", The Independent, 22 April
      2009; https://www.independent.co.uk/news/science/fertility-expert-i-can-clone-a-
      human-being-1672095.html

      "The Truth about Dr Clone", Mailonline, 22 April 2009; https://www.dailymail.
      co.uk/health/article-206482/The-truth-Dr-Clone.html

60   〈複製人大軍—克隆小鼠的生產線〉,生物新知,2013 年 6 月 15 日;http://
      biotech-taiwan.weebly.com/29983292893625932862/11

61   〈複製人類大事記〉,BBC,2001 年 8 月 8 日;http://news.bbc.co.uk/hi/chinese/
      news/newsid_1454000/14545942.stm

      〈克隆獼猴在中國誕生,我們離克隆人還有多遠?〉,紐約時報中文網,2018
      年 1 月 26 日;https://cn.nytimes.com/science/20180126/cloned-monkeys-china/
      dual/

      〈揭秘克隆猴:從「多利」羊到「中中」猴,這一步為何跨越 21 年?〉,
      光明網(原發表於《科學》),2018 年 1 月 25 日;https://kknews.cc/zh-hk/
      science/ba4jyyo.html

      〈克隆人還會遠嗎?科技工作者:我們有倫理高壓線〉,中國日報中文網(來
      源:科技日報),2018 年 1 月 30 日;http://world.chinadaily.com.cn/2018-
      01/30/content_35608862.htm

      〈6 年了　中國的幹細胞藥物亂象為什麼仍然存在〉,金融界,2018 年 12 月 2
      日;http://finance.jrj.com.cn/2018/12/02202125436254.shtml

      〈科學技術部、衛生部關於印發《人胚胎幹細胞研究倫理指導原則》的
      通知〉,中華人民共和國科學技術部;http://www.most.gov.cn/fggw/zfwj/
      zfwj2003/200512/t20051214_54948.htm

      〈涉及人的生物醫學研究倫理審查辦法〉,2016 年 12 月 1 日;http://www.byfy.
      cn/u/cms/www/201805/28101519wvir.pdf

62   吳信志、鄭登貴,〈複製家畜技術在農業生產業之應用〉,《農業生技產業
      季刊》,2005 年第二期,12-17 頁;http://agbio.coa.gov.tw/image_doc/a3-%E5%
      90%B3%E4%BF%A1%E5%BF%9712-17.pdf

      〈體細胞克隆猴第一人:技術無法申請專利,領先視窗期僅有一年〉,鳳
      凰網(來源:澎湃新聞網),2018 年 01 月 26 日;http://tech.ifeng.com/
      a/20180126/44860933_0.shtml

      區結成,〈愛人及猿:黑猩猩有人權嗎?〉,《信報》,2018 年 3 月 19 日。

〈失眠抑鬱症人群福音？中國誕生世界首批體細胞克隆疾病模型〉，文匯網，
2019 年 1 月 24 日；http://news.wenweipo.com/2019/01/24/IN1901240032.htm

Peter Hess. "China's 5 Gene-Edited, Mentally Ill Monkey Clones Raise Ethical
Concerns", Inverse, 24 January 2019; https://www.inverse.com/article/52716-
crispr-long-tailed-macaque-clones

63　〈複製人，嚴禁還是規管？〉，BBC，2001 年 8 月 8 日；http://news.bbc.co.uk/
hi/chinese/news/newsid_1454000/14546882.stm

〈聯合國委員會表決通過反對任何形式的人類胚胎複製〉，路透社，2005 年 2
月 19 日；http://web.it.nctu.edu.tw/~hcsci/hospital/news/2005/0221.html

"The Human Xloning: the Case of UNESCO", Nature, 21 March 2017; https://
www.nature.com/articles/palcomms201719

Julian Savulescu. "Five Reasons We Should Embrace Gene-editing Research on
Human Embryos", The Conversation, 3 December 2015; https://theconversation.
com/five-reasons-we-should-embrace-gene-editing-research-on-human-
embryos-51474

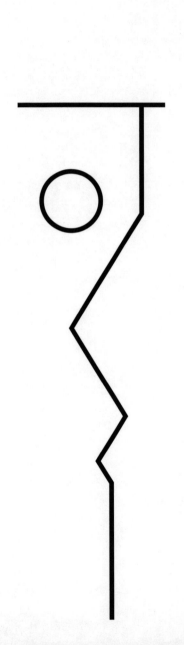

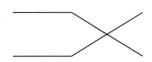

第四章

可與否：墮胎的爭端

上一章後半，寫中國政府叫停了急於求功嘩眾的人頭移植手術試驗。即使在崇尚自由的西方學者看來，政府當局在這種情況出手干預，也視為合理，甚至是有必要。

本章談墮胎，從墮胎與反墮胎的爭議角力，看生命倫理學裡面的「可與否」的問題。婦女可否自主墮胎？政府可否禁止？倫理學的問題是「應否」：應否讓婦女自主墮胎？

64

堕胎與反堕胎不純是倫理討論的問題。美國社會有 pro-life（生命優先）和 pro-choice（選擇優先）兩大政治運動陣營，長期鬥爭，經最高法院屢次裁決，紛爭也只能止息於一時。在 2018 年底，兩陣營的戰火又再復燃，因為特朗普總統新近委任了的第二名最高法院大法官，令最高法院九個大法官當中保守派佔了五個，在未來最高法院可能長期由保守派佔上風。

最高法院大法官並非基於個人喜惡判案，但意識形態也有真實影響，當保守派對自由派的比例來到五比四時，就有可能動搖美國司法歷史上一個關於自主堕胎的里程碑的判決：1973 年「羅爾控告韋德案」（Roe v. Wade）。

在這宗訴訟，民權律師代表化名羅爾（Roe）的一名女子，控告德州當地的反堕胎法侵害羅爾的私隱權。最後最高法院大法官以七比二通過，認為女性的堕胎權受到憲法賦予的私隱權保障，確認了在懷孕初期婦女可以自主堕胎，不需要特殊的醫學理由支持。

65

在美國，堕胎是每次選舉的火熱政治議題，社會長期對立甚至撕裂。Pro-life 還是 pro-choice？分歧大如鴻溝，根深蒂固的程度可能僅次於槍械管制。

Pro-life / pro-choice 這雙方陣營，中文翻譯為「生命優先 / 選擇優先」或「支援生命權 / 支援選擇權」，意思是清晰的，但若是套在政治角力和對決上面，就顯得太過溫文，不能反映你死我活的血淚爭持，可能譯為「捍衛生命權 / 捍衛選擇權」會更貼切。

倫理學希望以道理討論和分析，從思考與討論之中建立說服力，即使不能達至共識，也希望收窄分歧避免撕裂。這並不容易成功，因為無論站在哪一個陣營，固有的道德立場都是很有堅持的，如果道德立場基於宗教信仰和個人信念，既有的觀點更可能牢不可破，接近絕對。

趁這兒讓我們留意一下「道德」和「倫理」的分別。雖然我們常把「道德倫理」連在一起說，有時又把「道德」和「倫理」兩個名詞直接交替使用，但區分一下兩者的不同，也是重要的。《解釋給每個人聽的倫理學》的作者這樣說：

> 在現代，人們經常認為「道德」這個詞可以保留給規範，以及從過去和傳統沿襲下來的價值，或者保留給宗教。「道德」多少被專門用在「可以傳承」的意義上，像是某種已建構起來，多少已定型的行為和判斷守則。從這個意義來說，我們或接受或摒棄自己的家庭或出身環境的道德觀，遵循定義這種觀點的訓示，或僭越冒犯。道德似乎構成一個鞏固且完整的規範及準則全貌。
>
> 而今，相反地，在使用「倫理」這個詞的領域中，比較需要藉由眾人共同的反思，去建構、創造、奠定行為的規範及準則。比方說，醫學技術的進步，在我們這

個時代創造出以前的世代完全陌生的情況。體外人工受精，或者讓一個女人替另一個女人懷胎——所謂的「代理孕母」，等出生後再恢復孩子的身分，已成為可能。

面對這些前所未聞的情況，人們自問，這些做法，究竟該准許還是禁止？是好還是壞？這樣的判斷用於哪種情形下？為了哪些人？什麼樣的條件？在此，必須研討相關規定，使之成熟，納入多種觀點，必要時得找到妥協方案。

簡要地說，如果想區分這兩個詞，「道德」應偏向承襲過往的規範，而「倫理」則是正在建立的常規。「道德」主要指已存在且已傳授的價值，「倫理」則是因應正在發生的改變之所需的研發或調整工作。

生命倫理學希望以理性對話，但在激烈的現實分歧中，有時像「秀才遇上兵」。近年有學者認為，像「墮胎／反墮胎」和「人類基因編輯」等議題，除了生命倫理，還要研究生命政治（bio-politics）。

66

我不想把本章的討論困在美國的「墮胎／反墮胎」政治當中，但是經過包括美國的生命倫理學者的長期思辯和公眾辯論，我們可以借用在美國社會場景的描述，把公眾對墮胎的意見約略分為光譜上的三個陣營：保守的、自由的、溫和的（或漸進的）。他們各自借鑒科學和倫理的理據。

保守派例如天主教會認定胎兒是一個人，從卵子受孕開始就享有與任何出生的人相同的權利。在受孕時，胚胎得到自己獨特的遺傳密碼，與母親或父親的遺傳密碼不同，因此，天主教教義認為，這已是一個獨特的個體生命的開始。

儘管保守派也會承認胎兒在懷孕期間一直在巨大變化，但天主教教義不接受這些變化與胎兒的道德地位有關。任何人試圖在懷孕期間劃出分界線，說應該在腦電波出現的時候，或是當胎兒開始看起來已經像人的時候，才算有人的道德地位，都是任意的，因而是不合理的。

也有一些保守派倫理學者不從宗教立場出發，提出世俗的反墮胎論點：墮胎是錯誤的，原因與殺死任何人都是錯誤的原因相同──即殺戮會剝奪了受害者的寶貴的未來，他稱之為「像我們這樣的未來」（future like ours，簡稱 FLO）。這個思路之內還有不同的光譜，例如對於 FLO 是否從懷孕一刻已經開始。

自由派倫理學者會否認生物上的起點（受精後的卵子有獨特的遺傳密碼）可以用來決定人的道德地位和生命權。錯誤的是殺人，而不是一般的殺生。人是具有一定心理特徵的人，包括感知、意識、理性思維能力和語言運用能力。到了懷孕期第二、三個月結束的時候，胎兒可能是有知覺的，但即使是晚期妊娠的胎兒，也並不如大多數哺乳類動物那麼像人。因此，如果允許殺死動物，墮胎也應是允許的，在整個懷孕期間也是如此。

也有更強烈的論點：1971 年，Judith Thomas 提出，即使胎兒有生命權，也不一定代表其被賦予使用孕婦的身體的權利。至少在強姦成孕的情況下，孕婦沒有賦予胎兒使用身體的權利。她堅持，婦女是

否有道德義務允許胎兒留在體內，這與胎兒是否是有生命權的人是分開的問題，要看胎兒對她造成多大負擔或多少犧牲。

溫和派或漸進主義（gradualist）者的立場在兩者之間，即剛受精的單細胞合子不算是人，但去到晚期妊娠，胎兒幾乎與出生的嬰兒相同。因此，溫和派認為，早期墮胎在道德上比晚期墮胎可以接受，而隨著懷孕的進程，需要更強的原因才可允許墮胎。

67

婦女可否自主墮胎？政府可否禁止？1973 年的「羅爾控告韋德案」是美國司法史上一個里程碑，也是分水嶺。最高法院的判決訂定了以漸進原則，來平衡婦女選擇墮胎的自主權和政府保護胎兒出生的控制權。

怎樣平衡？

美國各州的墮胎法例向來並不是一致的，在美國南部十個統稱「聖經地帶」（Bible Belt）的州分，基督教會力量深植政治，墮胎法例特別嚴厲。在「羅爾控告韋德案」之前，美國多數州分的法例傾向於保護胎兒的生命權，自這宗案件起，在聯邦層面確立了有限度的婦女自主墮胎，各州也要遵從。

法院確認，基於美國憲法賦予的個人隱私權（right to privacy），婦女有權利自主選擇終止懷孕，但這墮胎權利不是無條件和無約制的，政府可以設立合理限制，理由是：保護已受孕成形中的生命也是重要的國家利益。

「胎兒的可存活界線」（foetal viability）這個醫學概念是法庭裁決

墮胎權的其中一個考慮因素。在本書第 36 節說 Alexia 和 Nathan 的故事時，提到極早產嬰兒有一條能否存活的界線。在先進的新生嬰兒深切治療的救護底下，現今界線在 24 周左右。有個別案例比 24 周更早，但出生時器官的功能缺損也越嚴重，Nathan 就是在 23 周誕生。

在七十年代，早產嬰兒的可存活界線是 28 周左右。聯邦最高法院聽取了醫學專家的意見，訂出這樣的漸進原則：

在懷孕的前期（first trimester），孕婦可以自行決定墮胎，不需要醫學理由，也不受政府限制；在懷孕中期（second trimester），各州可以基於保護孕婦健康的理由容許墮胎和設計限制；在懷孕期的後三分一（third trimester），各州政府有權以保護潛在生命的考慮，立法禁制。

「羅爾控告韋德案」是從挑戰德州的嚴苛墮胎法而起的。德州規定，除了為挽救母親生命並由醫師建議墮胎，其他任何理由也不能豁免刑事罪行。最高法院的裁決是一錘定音，但正如本章開首提到，裁決也只能止息紛爭於一時。

在社會運動史，這個里程碑並非孤立的。與 IVF 爭議是由醫學技術的發明觸發不同，墮胎的課題從六十年代開始就是西方國家女權運動（又稱婦女解放運動）的一個重點，另一個重點是男女平等。英國在 1975 年通過《性別歧視條例》（*Sex Discrimination Act*）；法國在 1975 年放寬人工流產；聯合國宣佈 1975 年為「國際婦女年」，3 月 8 日「國際婦女日」也是在 1975 訂立。

68

現在讓我們離開美國的墮胎／反墮胎場景，看看全球。

在 2018 年，愛爾蘭剛剛在公投中決定放寬原有的嚴格墮胎禁令。此前，在愛爾蘭墮胎是非法的，除非在緊急醫療情況下為挽救母親的生命。新擬的法例不單擴大例外允許墮胎的範圍，也會讓女性在懷孕的早期自主終止妊娠。愛爾蘭是普遍信仰天主教的國家，她的改革因而特別矚目。

相反，在南半球的天主教國家阿根廷，理念類同的改革卻在參議院遭遇滑鐵盧。阿根廷現行法律訂明，僅在因姦成孕或者母親生命可能受到威脅的情況下，才允許墮胎。這僅比愛爾蘭在改革前的原有法例略為寬鬆。

據美國古特馬赫研究所（The Guttmacher Institute）在 2018 年發表的報告，在 2017 年全球有 26 個國家在法例上仍然完全禁止墮胎，不接受任何例外的法律理由。例子包括中美洲的薩爾瓦多和尼加拉瓜、中東的埃及和伊拉克、亞洲的老撾和菲律賓等。另有 37 個國家禁止墮胎，除非有必要挽救婦女的生命（在 2017 年這包括改革前的愛爾蘭），其中包括巴西、墨西哥、尼日利亞、印尼和阿聯酋等。

古特馬赫研究所成立於 1968 年，從 2007 年起成為獨立的非政府組織，進行對各國婦女墮胎率和生殖健康現況的國際性研究。他們的使命包括促進女性生殖健康，包括安全合法墮胎，但堅持無黨派，希望所公佈的資料能得到媒體和不同政治意識形態的支持者認可，視為準確且值得尊重的數據。在它發表的報告附表，193 個國家（和六個地區）的墮胎現況可分為六類，從最嚴厲到最寬鬆排序：

1. 完全禁止（沒有明確的法律例外）

2. 法律有例外，限於為了挽救婦女的生命

3. 法律例外是為了挽救婦女的生命或保護婦女的身體健康

4. 法律例外除了第 3 類情況，還包括保護婦女的精神健康

5. 法律例外除了第 4 類情況，還包括接受婦女的社會經濟理由

6. 法律沒有要求特殊的墮胎理由，但可以對容許墮胎的妊娠期設限制

在分類表中，中國內地在最寬鬆的第 6 類，香港和台灣同列入第 5 類，但依我閱讀香港的《終止妊娠規例》，似乎香港應列入第 4 類會較準確，因為法例並不直接承認社會或經濟困難（例如失業、子女太多）作為理由，醫生須綜合評估婦女的精神健康狀況。

第 6 類國家包括大多數歐洲國家、美國和中國內地等。中國內地的墮胎法例比歐洲和美國寬鬆，並沒有對自主墮胎的妊娠期設上限制。相反，歐洲多國例如法國和德國，把不須提供特殊理由進行合法墮胎的界線劃在懷孕的第 12 周，瑞典較寬鬆，也劃線在第 18 周。

中國內地墮胎政策寬鬆，並非源自西方的「女性自主」概念，也不是「個人自主」概念，那是與長時期的「一孩政策」有關。為了控制人口，有一個時期甚至強制墮胎和進行絕育手術，在這完全不同的背景底下，當然不會自設限制。因此，寬鬆政策的起點是集體利益的概念。

69

墮胎的問題有多嚴重，爭議焦點是什麼，要視乎你身在哪一個

國家。世界衛生組織（World Health Organization，WHO，簡稱「世衛」）看墮胎，首先是著眼公共健康問題。這是從醫學衛生角度呼籲一些嚴禁墮胎的政府逐步改善，好處是尊重各國國情，不致冒犯個別國家政府，但公共衛生的角度還只是其中一個關注點。

世衛關注全球每年因不安全的墮胎而造成的婦女死亡。一份 2017 年在 The Lancet 發表的報告指出，在 2010 至 2014 年期間，統計全球進行了 5,000 多萬宗流產，只有一半是以安全方式進行。每年因不安全的墮胎而死亡的婦女高達 68,000 人。

在貧窮的發展中國家，衛生服務不足，死亡率較高很容易理解，但在不少國家，不安全墮胎的死亡率與這些國家的流產法律是否嚴厲，亦有莫大關係。

各大洲之中，拉丁美洲一些國家的流產法律最為嚴苛，即使因強姦成孕、以至懷孕對婦女造成生命危險都不能例外，任何違法墮胎也視作謀殺。在這個大洲，只有四分之一的流產是安全的。在這些國家之中，刑罰最重的是薩爾瓦多，一個少女不幸被強姦成孕，私自墮胎就會視為謀殺，可判入獄十年以上。醫師為搶救孕婦性命做人工流產手術亦是刑事罪行。

聯合國人權委員會（United Nations Human Rights Committee）關注環球墮胎狀況，採用的基本立場是，即使政府需要保護胎兒，也不能不顧情理，一律對私自墮胎的婦女施以嚴刑作為懲罰。

從人權出發，要問的是：嚴厲禁絕墮胎的法律是道德的嗎？2005 年，聯合國人權委員會針對一宗投訴秘魯政府的案例（稱為「K. L. 案」）首次提出：在合理的情況下，人工流產應該是人權的一環，國家有一定責任提供合法而安全的人工流產。不是說不可以限制合法

墮胎範圍，但訂立和實施限制也要顧及基本人權。

　　K. L. 案的案主是一名 17 歲少女，在懷孕的第 14 周時，醫師診斷出胎兒患有先天無腦無脊髓畸形（anencephaly）。秘魯並不禁絕醫學理由的人工流產，但院方以合法人工流產的細則未有清楚規定如何處理畸胎為理由，寧緊毋寬，拒絕為 K. L. 墮胎，結果是 K. L. 被迫經歷整個妊娠，至足月誕下孩子，而嬰兒出生四天後就因先天畸形而夭折。聯合國人權委員會認為，秘魯政府已違反《公民與政治權利國際公約》（International Covenant on Civil and Political Rights）多項規定，須對 K. L. 造成的嚴重身心傷害負責。秘魯政府不滿裁決，拖延至 2015 年，終於對 K. L. 作出補償。

<h1 style="text-align:center">70</h1>

　　女童遭強姦導致懷孕的個案在中西社會都時有所聞。在 2009 年巴西發生了一宗令人驚駭的個案，一名九歲女童遭繼父性侵後懷了雙胞胎，3 月 4 日剛做墮胎手術，翌日當地天主教會即公開宣佈把墮胎醫生和女童母親逐出教會，卻決定寬容對待女童的繼父。

　　這發生在巴西東北部城市利斯菲（Recife），大主教 Jose Cardoso Sobrinho 強硬地回應《時代》雜誌的記者，說「神的律法」決定了墮胎是一種罪惡，違規者在羅馬天主教會中不再受歡迎。他堅持「墮胎比殺死一個成年人要嚴重得多。一個成年人可能是也可能不是無辜的，但是一個未出生的孩子是絕對無辜的。」

　　這令世界嘩然。巴西總統也公開說，他身為天主教徒，反對墮胎，但對 Cardoso 大主教的發言深感悲嘆。巴西衛生部長也公開抨擊

大主教的發言。然而，兩日之後，梵蒂岡教廷以女童所懷的雙胞胎有生命權為由，支持巴西天主教會的決定。

梵蒂岡聖職部「宗座拉丁美洲委員會」主席向意大利《新聞報》表示，此事令人難過，但「真正問題在於，女童腹中的雙胞胎是兩個無辜者，他們有生命權，不容被殺害。」他又說，把進行墮胎者逐出教會是合理的。公眾對巴西天主教會的抨擊實屬不當。

政府當然有權制定嚴禁墮胎的法例，教會的公開立場也自有依據。問題是，世論滔滔，道理上是否說得過去。

世界各國的墮胎法例，是寬抑或緊，可以視乎它如何處理幾種情境：

1. 需要搶救孕婦性命；

2. 需要避免懷孕對孕婦造成嚴重的身心傷害；

3. 需要決定如何處理診斷出有嚴重殘障的胎兒；

4. 需要處理亂倫／強姦成孕；

5. 需要考慮特殊的生活困難。

在信奉天主教和伊斯蘭教的國家，若是法例完全漠視以上的實質問題，在現今的時代不免要遭受質疑和挑戰。

愛爾蘭新近的經驗值得仔細看。在歐洲國家之中，愛爾蘭共和國的墮胎法律在最嚴苛之列，只有當懷孕已構成對孕婦的明顯而實質的生命危險，才容許醫師考慮進行人工流產。據估計，平均每天有九名女性從愛爾蘭去英國墮胎，另有四名女性在沒有醫療諮詢的情況下服用網購的墮胎藥，她們還要冒上被監禁的風險。

71

2005 年，愛爾蘭三名婦女 A、B 和 C 入稟歐洲人權法院（European Court of Human Rights），從兩個層面挑戰愛爾蘭的人工流產現況。

歐洲人權法院從屬歐洲議會（Council of Europe），而歐洲議會的基本立場是尊重成員國的憲法可以反映自己的社會標準，議會只會在此尊重的基礎上提出改進或修訂的要求。愛爾蘭三名婦女的申訴能有望得直嗎？

歐洲人權法院首先分辨了三案的申訴焦點，A 和 B 申訴焦點相同，同被判決不能成立。C 的個案則得直。法院在 2010 年作出裁決，並且細緻地討論了理據。

與聯合國人權委員會針對秘魯 K. L. 案的判決不同，歐洲人權法院裁決 C 女士案的焦點是有些技術性的：愛爾蘭墮胎法例的界線本身並不清晰，而且政府並沒有提供清晰程式讓懷孕婦女可以得知界線在哪裡。

先看被否決的 A 和 B 兩案。兩案的申訴同樣要求愛爾蘭政府應當修改法例，讓孕婦即使沒有客觀上的生命危險，只要有合理原因擔憂健康風險，就可以合法進行人工流產。

A 患有嚴重的憂鬱症和酒癮問題，失業，之前幾個孩子已送往寄養，第四胎孩子身體不健全。她再度懷孕，借了高利貸前往英格蘭墮胎。

B 意外懷孕，因長期服用藥物，擔心有風險，而且自覺未準備好做母親，借用朋友的信用卡買機票往倫敦墮胎，做了人工流產手

術，飛回愛爾蘭後排出大量血塊，因為怕被指犯法，拖延了兩周才求醫入院。

人權法院否決了這兩宗申訴，理由是愛爾蘭的墮胎法例並無違反自身憲法，而歐洲人權法院並不適宜挑戰愛爾蘭的憲法。是否放寬墮胎法例應由愛爾蘭評估民意的趨向自行決定。

被判得直的 C 個案申訴的理由與 A、B 兩案不同。C 患有癌症，在進行化療期間意外懷孕，怕影響到胎兒，要求醫院提供資訊，告訴她化療對胎兒會否造成畸形或其他不良後果，是否應該墮胎。可能院方忌憚愛爾蘭的嚴厲法例，怕直接的資訊可能被視為促使孕婦墮胎，醫療人員給予 C 的資訊完全含糊其詞，簡直是答非所問。結果 C 趁懷胎尚在早期飛往英格蘭，尋求藥物流產，卻沒有診所願意開方，她最終要接受人工流產手術。手術後第二天她便匆匆飛回愛爾蘭，之後大量出血並遭到感染，從此喪失了懷孕的能力。

人權法院指出，愛爾蘭的憲法第八條修正案標示的原則是承認「胎兒與母親有平等生命權」（equal right to life of the mother），而憲法第 40.3.3 條要求議會立法制訂程式，讓懷孕婦女可以得到醫學評估，知道自己的醫療情況和風險是否符合合法人工流產的法例要求，但愛爾蘭政府並沒有這樣做，既沒有清楚界定母親的「平等生命權」是什麼，亦沒有清晰程式讓懷孕婦女可以得到有效資訊。歐洲人權法院認為愛爾蘭政府需要審視程式，作出改進，並且要判斷社會是否有強烈民意要求放寬人工流產的法例。

72

愛爾蘭終於在 2018 年 5 月 25 日進行了公民投票，近三分之二的選民投票贊成廢止憲法第八條修正案，支持墮胎合法化。廢止了第八條修正案，就開啟了大門，容許國會放寬禁止墮胎的法例，包括有條件地容許婦女自主要求墮胎（abortion on request）。

憲法第八條修正案是八十年代初通過的，同樣是人民公投的結果。1979 年羅馬天主教宗若望保祿二世訪問愛爾蘭，那是天主教 pro-life 觀點主導社會價值觀的年代。四年後，愛爾蘭經公投取得民意支持，將第八條修正案寫進了國家憲法，承認未出生的胎兒和母親有「平等生命權」。Pro-life 力量勝了關鍵的一仗。

第八條修正如此規定：

The State acknowledges the right to life of the unborn and, with due regard to the equal right to life of the mother, guarantees in its laws to respect, and, as far as practicable, by its laws to defend and vindicate that right.

關鍵在「equal right to life」，列明未出生的胎兒和懷孕婦女擁有「平等的生存權利」，表面看來似乎是「中間著墨」，但實際詮釋是，除非孕婦明顯地已面臨實質的生命危險，否則就不准犧牲胎兒生命。

醫師要臨床判斷人工流產手術是否關乎即時搶救孕婦性命，是極為困難的，而且要等到孕婦病況惡化垂危才來做人工流產，不是太遲了嗎？

在愛爾蘭，這情境不是紙上的倫理討論個案，2012 年，一名 31 歲懷孕 17 周的孕婦 Savita Halappanavar 成為悲劇主角，因為醫

師堅持等到胎兒沒有了心跳才進行人工流產手術，結果她死於血毒（septicaemia）。公投墮胎的呼聲就是因此而高唱入雲。

愛爾蘭公投廢止了第八條修正案，愛爾蘭總理說，這次公投結果標誌著「一場靜悄悄的革命」勝利完成。這或者不是誇張，因為就在三年前愛爾蘭也進行了同性婚姻公投，62% 的人投了贊成票，正式讓同性婚姻合法化。

在本章結束前，還可以再看一看香港的現況。香港的《終止妊娠規例》沿自英國，在符合法律規定的情況和程序底下，醫生可以為孕婦進行人工流產。在香港，婦女並沒有「自主要求墮胎」的權利，法例把墮胎稱為「終止妊娠」（termination of pregnancy），就完全是醫學概念。合法進行人工流產必須經兩名註冊醫師對孕婦及胎兒進行評估，醫師確認了持續懷孕會對孕婦構成嚴重健康問題，又或者判斷胎兒有嚴重殘障，就可以在懷孕期 24 周之前進行人工流產。過了 24 周，就只有當孕婦生命有危險的情況下才可以進行。法律完全不容許孕婦在沒有醫學理由底下自由選擇墮胎，在這一點上面，以全球已發展國家作參照，香港的規例可算是傾向較為「保守」的，但法例留有相對寬容的空間讓醫師評估孕婦的身心狀況。如果有孕婦嫌法例過緊，或者會往境外接受人工流產，中國內地的墮胎法例寬鬆，兩地往來方便，成為緩衝的途徑。

香港的法例在長期應用之中沒有出現很多爭議，社會沒有像美國或愛爾蘭那樣為墮胎問題爭持，可以算是在合理範圍之內。不過，當愛爾蘭成功廢除第八條修正案，香港的法例可就變得比愛爾蘭「保守」了。在香港也不是沒有人提出過女性自主墮胎的訴求，但顯然沒有成為社會議題或倫理議題，為什麼會這樣？可能還待研究。

參考資料

節

64 "How a New Supreme Court Justice Could Impact Abortion Rights", ABC News, 11 July 2018; https://abcnews.go.com/US/supreme-court-justice-impact-abortion-rights/story?id=56481931

安裕，〈大法官〉，《明報》，2016 年 3 月 20 日；https://news.mingpao.com/ins/ 文摘 /20160320/s00022/1458447047994/ 大法官（文 - 安裕）

65 Roger-Pol Droit 著、陳太乙譯，《解釋給每個人聽的倫理學》，聯合文學出版社，2018，21-22 頁。

Rob Sparrows, Catherine Mills. "From Bioethics to Bioplitics: The Case of CRISPR"; http://bioethics.med.cuhk.edu.hk/assets/files/userupload/Biopolitcs%20 CRISPR.pdf

〈從墮胎爭議反思生命政治〉，燃燈者；https://truthseeker922.wordpress.com/ abortion-and-biopolitics/

66 Bonnie Steinbock. "Abortion", Hastings Center Bioethics Briefings; https://www. thehastingscenter.org/briefingbook/abortion/

67 Nancy Jecker et al. *Bioethics: An Introduction to the History, Methods and Practice*, 3rd edition, Jones Bartlett Learning, 2012, pp. 349-356.

"Timeline of the Women's Liberation Movement", The British Library; https:// www.bl.uk/sisterhood/timeline

68 "These are the Countries Where It's Still Illegal to Get an Abortion", World Economic Forum, 28 May 2018; https://www.weforum.org/agenda/2018/05/the-many-countries-where-abortion-still-banned/

〈阿根廷參議院否決墮胎議案〉，HK01，2018 年 8 月 9 日；https://www.hk01. com/ 世界說 /220853/ 阿根廷參議院否決墮胎議案

"Abortion Laws Around the World", Pew Research Centre, 30 September 2008; http://www.pewforum.org/2008/09/30/abortion-laws-around-the-world/

69 〈全世界每年估計發生 2500 萬起不安全流產〉，世衛組織與古特馬赫研究所聯合新聞稿；http://www.who.int/ mediacentre/news/releases/2017/unsafe-abortions-worldwide/zh/

Kristina Gemzell-Danielsson. "Estimating Abortion Safety: Advancements and Challenges", The Lancet, 27 September 2017; http://www.thelancet.com/journals/

lancet/article/PIIS0140-6736(17)32135-9/fulltext

"Preventing Unsafe Abortion", WHO Factsheet, 19 February 2018;
www.who.int/mediacentre/factsheets/fs388/en/

Lisa B Haddad. "Unsafe Abortion: Unnecessary Maternal Mortality", *Rev Obstet Gynecol*, 2009 Spring, 2(2): 122–126; https://www.ncbi.nlm.nih.gov/pmc/articles/PMC2709326/

"Peru Compensates Woman in Historic UN Human Rights Abortion Case", The Office of the High Commissioner for Human Rights, 18 January 2016; http://www.ohchr.org/EN/NewsEvents/Pages/PeruAbortionCompensation.aspx

70　〈巴西教會稱墮胎比性侵罪重　總統痛斥教會教條〉，搜狐健康，2009 年 03 月 13 日；http://hcalth.sohu.com/20090313/n262784907.shtml

"Nine-Year-Old's Abortion Outrages Brazil's Catholic Church", Time, 6 March 2009; http://content.time.com/time/world/article/0,8599,1883598,00.html

〈愛爾蘭公投：不需再向英國出口「墮胎問題」〉，BBC 中文網，2018 年 5 月 28 日；http://www.bbc.com/zhongwen/trad/world-44275676

71　"A., B. and C. v. Ireland: Abortion and the Margin of Appreciation", Strasbourg Observers, 17 December 2010; https://strasbourgobservers.com/2010/12/17/a-b-and-c-v-ireland-abortion-and-the-margin-of-appreciation/

72　〈愛爾蘭公投：不需再向英國出口「墮胎問題」〉，BBC 中文網，2018 年 5 月 28 日；http://www.bbc.com/zhongwen/trad/world-44275676

《終止妊娠規例》，第 212 章第 47A(5) 條；http://www.info.gov.hk/gia/general/201706/28/P2017062800464.htm

Day Wong，〈女性主義倫理與香港的墮胎問題〉，《中外醫學哲學》，Volume 5，Issue 1，103-119 頁。

區結成，〈公投墮胎：民情與中庸之道〉，《信報》，2017 年 6 月 12 日。

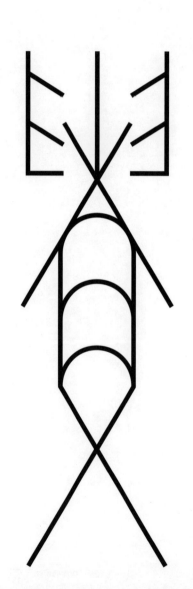

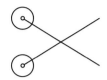

第 五 章

昂貴稀有的醫療

在墮胎問題，讀者可能會注意到我對於梵蒂岡的僵硬立場難以接受。然而，這不應令讀者誤以為，教會對各種生物倫理議題的看法不值得認真考慮。以 IVF 為例，儘管隨著年代過去，社會已經普遍接受這種輔助生殖方式，但對使用胚胎作研究、克隆和編輯所帶來的許多爭議，教會的憂慮仍是有重要遠見的。這些領域內的問題和社會影響尚未完全浮現。

當我們在本章中討論昂貴稀有的醫療資源如何配置的倫理問題時，讀者會見到，在這個課題，弱勢社群的哀傷和艱難不是來自教會，反而是與一種醫療經濟學工具的僵硬理解有關。

73

生命倫理學題目大都關乎我們如何看待生命。想像一個衡量價值的天秤:一邊是尊重生命,另一邊要放上什麼樣的砝碼?在第二章 Alexia 和 Nathan(那個極早產嬰兒)的故事,另一邊放上的砝碼可能是 Nathan 承受的長期嚴重殘障和無盡頭的入侵性醫療干預;可能是女性自主權利和身心福利。

在稀有的醫療資源如何配置的問題上,情況有些特別:一邊是病人,另一邊還是病人。當醫療資源稀有,而治療成本昂貴,如何平衡不同病人的需要,這是不容易的決定。

我初次注意到這個問題時是一名初級醫生,1984 年,初到精神病科工作。我是在 1982 年從美國完成醫學實習後回到香港的,第一份工作在當時啟德機場附近的越南船民營內的醫療中心。在美國實習的一年裡,工作密集,大多是被上級分派,而且因為埋頭學習看病,不察覺有時間分配的問題。在船民營的醫療中心提供的服務是非常基層的,看的多是輕微疾病,而且船民實際上是聽候安排的難民,他們視醫生工作為人道主義的關懷,沒有特別期望,也不爭取權益。這也就不會有分配醫療資源的問題。

後來我通過了本地的執業考試和規定的實習,來到九龍醫院精神科正式當政府醫生。當時九龍醫院精神科的規模只是目前的二十分之一,病床很少,主要提供門診服務。我大部分工作時間都在看門診,初時負責相對穩定的複診病例,之後「新症」「舊症」都看。

以公立醫院標準，工作量並不「過分」：平均五至八分鐘看一個「舊症」。問題是，以我當時的經驗和能力，而病人病況十分參差，每名病人平均分配五至八分鐘是很不夠的。

我第一次意識到，「醫生的時間」本身就是稀有的醫療資源。

從病人的角度來看，每個人都在候診室裡等了很長時間，每一個都值得分配五至八分鐘。有些病人「纏住」醫生不願走，那是他想要、或需要更多的時間傾訴，而且那是因為他信任你。有些病人不多言，任人處理，但從醫生的角度看，最大的挑戰反而是要在短暫時間內評估他的病情有沒有變化。有人需要較多的關注，即是要「佔用」其他病人的「應有的平均時間」。

在普通人看來，這似乎不是什麼問題，畢竟每個人的時間都是有限，這只是基本的「時間管理」問題吧？

「時間管理」的邏輯當然適用於醫療服務，但良好的管理也不能根本上化解醫療資源分配的緊張問題，有時甚至會因為管理良好、日常「相安無事」而隱藏了深層的問題（例如人手不足）。

醫生有權力也有責任按專業判斷，決定如何分別對待病情輕重不同的病人，緩急先後不一定有指引可依。處理病人的先後次序一般較少爭議，有難度的是實施具體的醫療配給（health care rationing）。

74

「配給」一詞讓我們想起戰時，基本的食物和生存物資極為匱乏，資源還要優先送往前線。戰時配給制度的邏輯是：當每個人民也吃不飽、穿不暖，分不到足夠的煤炭過冬，憑著配給安排，最少每人

也可以分得到一點，不致陷入你死我活的搶奪混亂中。

在中國內地，五十至七十年代，實施了近 30 年嚴厲的生活物品配給制。在城鎮，糧食用糧票、布有布票，其他日用品也按戶籍人口憑票配給；佔人口絕大多數的農民則生活在配給體制外，除了糧食和布票，其他日用品要靠超額生產農產品才可得到購物券獎勵。即使有布票，每人全年定額僅夠製作一身衣服，還有時要用布票換取其他購物券以換取生活必需品。嚴厲的生活物品配給制的背後有一段大饑荒歷史，也和政治意識有關。

這些嚴厲的「配給」安排屬於「顯性配給」（explicit rationing），而我在上一節談自己在精神科門診的時間分配問題，是一種「隱性配給」（implicit rationing）。很多醫療服務都有隱性配給的影子，例如側重救急扶危，較少資源用在復康服務、晚期病人的舒緩服務，背後的思維影響著分配優次，並不是具體的顯性配給安排。

嚴厲配給的歷史已經遠離我們，但是在經濟發達的社會，在醫療資源分配的討論上，「配給」仍然是揮之不去的熱議題。英國的公費醫療系統「國民健康服務」（National Health Service，NHS）在 1948 年成立，是第二次世界大戰後的重大社會改革之一，烙有戰時配給的印記：「公平分配」是最優先原則，而且接受顯性的具體分配安排，例如輪候手術。因此，關於醫療配給的倫理討論，在英國是「明刀明槍」的。

七十至八十年代初我在美國讀醫科和實習，從來沒有聽聞過醫療「配給」。美國的醫療制度十分信奉市場和自由，政府被分配的角色很有限，彷彿不屑借用含有社會主義色彩的「配給」概念。

這也在改變了。美國的醫療制度總開支在 2017 年已接近國民生

產值的 18%，數字還在上升。奧巴馬政府花了大氣力進行立法改革，推出「患者保護與平價醫療法案」（Obamacare），理念是增加平等的醫療覆蓋，壓縮少有節制的醫療通脹，背後是正視「配給」問題。Beatrix Hoffman 的專著 *Health Care for Some: Rights and Rationing in the United States since 1930* 對此有明晰的論述。

75

Beatrix Hoffman 在科普雜誌 *Scientific American* 有文章淺談為何資本主義的美國也有醫療配給問題。文章題目就是「醫療配給無新事」（"Health Care Rationing Is Nothing New"），以下節譯部分。

Hoffman 指出，美國的醫療討論幾乎從來沒有用「配給」這個名稱，「配給」聽來負面，使美國人想到二戰時期的短缺，長長的排隊人龍等待著卑微的必需品分配。然而，古典經濟學家會說，商品和服務按價格分配實際上也是一種配給。一些國家通過預算編制支持普及的醫療衛生系統，或是中央置價格規定，又或者定量限制某些服務的供應，也是「配給」。美國人已慣了抗拒歐洲或加拿大這一類配給方式，但他們沒有看到，美國在醫療保健制度中已實行了「價格配給」（rationing by price）和其他類型的配給。

怎麼說？美國的配給不是政府強加的自上而下、中央集權的政策。但沒有全民保健計劃的情況下，公共和私營保健部門都有配給成分。它是由政府機構、私營醫療保險公司、醫院和供應商進行的，方式包括官方和非官方的、有意和無意的、可見的和無形的。美國的「配給」方式因此是一個複雜的、支離破碎又常常自相矛盾的政策與

措施的混合體，世上獨有。

「價格配給」對美國人最熟悉。通常這意味著貧窮和低收入的人根本無法得到照顧，但也可能意味著得到不同種類（較差）的護理。這制度對待病人的基礎是看他們能支付多少錢。

按支付能力的配給只是美國醫療服務被分配或限制的多種方式之一。在某些層面，衛生保健已按種族進行了區域的配給。按區域，全國衛生設施和人員分佈不均；按就業和職業狀況，又有不同的健康保險；按保險範圍又有另一種配給，例如限制醫生選擇及住醫院的福利及選擇；有些醫療補助以父母身份或按年齡分配；有些保健組織用各種規定允許或拒絕某些群體受保。凡此種種，很少被理解為「配給」，但是 Beatrix Hoffman 堅持，應該著眼於「配給」的現象，才能更充分地了解美國的醫療衛生系統如何操作，有什麼根本的問題，以辯論促進改善。

嚴格來說，美國實際上並沒有一個統一的全國醫療系統。在聯邦制底下，各州的經濟條件、主導的價值觀和意識形態、政治角力等因素，造就了 Hoffman 強烈批評的「複雜的、支離破碎又常常自相矛盾的混合體」。她的立場或者可以這樣概括：良好的基本醫療健康服務應該是一種權利，即使資源有限，難免要定優先次序或作取捨，也要公開討論和公正審視配給的問題，不應任由支離破碎的政策主導著（或隱藏了）不平等的配給。

76

美國社會隱藏著不公平的醫療服務，像 Hoffman 這些學者不信

任欠缺透明度的隱性配給，公眾也向來抗拒單方面施行配給，不僅不輕易信任政府，就是由醫學專業主導分配也充滿懷疑。這可以追溯到一個西雅圖配給故事。

故事是西雅圖的血液透析（haemodialysis，俗稱洗腎）配給。這在公眾和媒體，常被視為配給失敗的例子甚至倫理學的反例。傳媒給那個配給血液透析的西雅圖委員會起了個嘲諷封號，稱之為 the God committee 或 God panel：你們掌管生死，是扮演上帝嗎？近年來，隨著醫療制度改革成為當務之急，人們回顧西雅圖配給的舊事，倒有一些同情的理解了，至少肯定它有勇氣面對資源有限的難題，嘗試「顯性配給」。

配給血液透析的壓力始於醫療技術突破，這與當今不少醫療資源分配的挑戰一模一樣：新的醫療科技價格昂貴，需求殷切但供應有限，衍生「給誰使用、不讓誰使用」的難題。

血液透析的技術並不複雜，用正壓原理過濾血液的裝置在二次世界大戰時期已經發明，難題反而是要接駁血管通路（vascular access）。早期的透析治療要逐次穿刺動靜脈，血管不能長期重複使用，因此用途局限於搶救急性腎功能衰竭和中毒病人。在六十年代，美國和英國的醫學家同時解決了血管的通路難題，一夜之間，慢性腎病患者有了曙光。

在美國取得突破的醫生是華盛頓大學 的 Dr. B. H. Scribner，他發明了以他姓氏命名的動靜脈瘻管（Scribner's shunt），是可以重複使用的血管通路。1962 年，他創立西雅圖人工腎臟中心，率先應用新發明。中心馬上面對難題：讓誰獲得服務？

他們也知道這不是可以由醫生單方面決定的事，於是設立一個

負責制定透析治療的分配制度的委員會，由中心的醫生、護士、社區代表和公民領袖組成。委員會的共識是，分配這維持生命的治療的準則，應該包括評估病人的「社會價值」（social worth），即是要判斷得到治療的病人能對社會有多大的預期貢獻。背後的思維是，洗腎理應優先幫助那些有恢復工作能力和會負起對家庭和社會的責任的人。

一旦被報道，公眾輿論卻是譁然，成為舉國關注的政治議題。聯邦政府的回應是：由慢性腎臟疾病專家領導委員會，提出全國性的建議。建議把透析治療納入聯邦政府補貼的 Medicare 醫療服務範圍。1972 年，尼克遜總統簽署法案落實了建議。這平息了民憤，卻也製造假象：彷彿財政無限，可以一下子抹掉配給的難題。

77

難題是不會就此抹掉的。實際的問題是，當慢性腎病病人越來越多，聯邦政府也是捉襟見肘。更難的倫理問題也要面對：末期慢性疾病的種類很多，為何厚此薄彼，獨是腎病治療可以得到 Medicare 的覆蓋？

美國醫療體制的問題很複雜，不是本書的主題，但簡單說一下會有助討論。雖然 Hoffman 批評美國醫療制度支離破碎，它還是有基本的支柱的，那是從二次大戰之後經過數任總統逐步建立的 Medicare 和 Medicaid 兩種醫療福利。Medicare 是一種聯邦醫療照顧保障，主要對象是 65 歲或以上的長者和嚴重殘疾人士，條件是合法移民並居住滿五年，而在美國工作或交納醫療保險稅滿十年。Medicaid 則是對貧困和失業者的醫療補助，由聯邦政府和州政府合作

提供，各州的醫療補助項目和補助程度不一，視乎州政府的財力和政治取向，可以十分參差。

上面提到尼克遜總統落實政策，表面上令血液透析治療得以全民覆蓋，但這項目在設計上還是有配給的色彩，它假設了大多數醫學上適合透析治療的病人都在 54 歲或以下（即是假設老年病人不適合接受洗腎），因而估計只有大約五分之一的末期腎病病人會使用服務；它又假設這些 54 歲或以下的病人得到透析治療便可以恢復工作能力。這些假設的邏輯其實很近似最初西雅圖人工腎臟中心採用的「social worth」概念！

假以時日，問題浮現了：兩項假設都大大偏離現實。首先，因為人口老化，使用透析治療的病人大都是長者；至於「恢復工作能力」以貢獻社會，雖然有個別成功例子，但整體看，近七成使用透析治療的病者仍在「無業」的人口統計組別。

假設沒有成真，政治熱點冷卻下來之後，留下沉重而不可持續的醫療財政負擔，配給的疑問又回來了。

78

信奉功利哲學（utilitarianism）的學者會主張醫療資源應該用於追求全體人民的健康，令總體效益最大化。絕對公平的分配方法並不存在，當資源極為有限甚至匱乏，考慮整體利益一定勝過考慮如何滿足個別病人。

即使以整體利益為前提，如何比較蘋果與橙亦似乎是很難克服的問題。肝臟移植手術能與腦中風的康復治療比較嗎？用於罕有遺傳

疾病的昂貴新藥，成效是否可以與流感疫苗比較？即使在同一個病類，撥款用於癌症標靶治療的社會得益，是否可以跟舒緩治療的得益用同一把尺去量度？

順著這思路，倫理問題可以變成技術性的量化問題：有沒有什麼度量衡的工具可以用來比較截然不同的疾病，衡量各種療法的條件的得益？

醫療經濟學家相信我們已有量化的工具，例如 QALY（quality-adjusted life years，譯作「品質調整壽命年」或「品質調整存活年」）。醫療資源應該用於延長壽命，或改善患者的生活品質（quality of life，也譯作「生活質素」、「生存質量」），最好兩者兼得。QALY 把兩者合併計算，理論上是一種「通用的幣值」，可以在不同疾病組別之間進行比較。

前面提到，英國的國民健康服務面對撥款上限，並不忌諱配給，而且英國推崇循證醫學（evidence-based Medicine）和客觀量化作為理性的指標。英國國立臨床卓越研究院（National Institute of Clinical Excellence，NICE）的職責之一是就政府應否資助昂貴的新療法提供專家分析，而一個重要考慮因素便是使用例如 QALY 這樣的工具分析療法的成本效益。QALY 不是唯一的工具，但是如果要以非常昂貴的價錢購買一種對延長壽命和改善患者生活品質的益處都不大的新療法，NICE 並不迴避畫下界線：有些療法是公費不會支付的。如果新療法 A 與新療法 B 在競爭額外撥款，整體 QALY 增值較大的療法就會優先獲得支持。

無論在量化技術層面還是倫理原則層面，QALY 的適當使用都存在爭論。這兒不進入太複雜艱深的討論，有興趣閱讀英文資料的讀者

可以參考本章書目中 David L. B. Schwappach 和 C. R. Butler 的文章。

79

在香港，有關醫療配給的難題，近年的焦點落在治療罕見疾病的昂貴新藥。2017 年 4 月 11 日，立法會就罕見疾病藥物政策舉行公聽會，單親媽媽池燕蘭向在席官員泣訴，自己患上結節性硬化症（multiple sclerosis），但不能負擔新藥 Everolimus。她說：「我真是不想死，我不甘心⋯⋯。」

言猶在耳，12 日後她便去世了。一年之後，這藥物被納入了受資助的名冊，她患有同一疾病的女兒可以得到治療。

下一個觸動香港的病人是身患脊髓肌肉萎縮症（spinal muscular atrophy，SMA）的香港大學學生周佩珊。她長期依靠呼吸機輔助，坐輪椅，僅能活動兩根手指。2017 年 10 月，她花了四個月用兩根手指做成一份百多頁的陳情書，希望政府批准一款治療 SMA 的新藥物 Spinraza 引入香港。這種新藥 2016 年底在美國正式上市，對 SMA 個別患者有效，本港有三名病童參與過試驗計劃，有些療效，但藥費高昂，首年的費用 600 萬港元（約 75 萬美元），其後每年費用為 300 萬港元。香港有撒瑪利亞基金，資助未列入常規藥物名冊的昂貴新藥，但以現行準則，以數百萬元換來一點療效，過了成本效益的門檻；而且，藥廠對香港這樣小的市場也沒有供應銷售的意欲。

周佩珊的陳情有道德和政治力量，她公開表示，藥物對像她這樣病情已經很後期的患者不一定有用，她主要希望後來者不要重蹈她的經歷。行政長官林鄭月娥親自接收了她的陳情書，承諾跟進。2018

年 3 月，她到港大探訪周佩珊，親自告訴她好消息：經政府和醫院管理局跟進，與藥廠達成共識，藥物會引入香港，適合的脊髓肌肉萎縮症病人可獲治療資助。

2018 年 6 月，我應邀參加一場研討會，主題是「政府公營醫療如何資助昂貴藥物——罕見病病人的支援足夠嗎？」主辦和合辦的是天主教機構，一位講者從天主教教義講倫理、一位是病人組織聯盟會長、一位是立法會社會福利界議員，我的出發點是生命倫理學。這個題目很容易變成控訴，但講者的觀點組成微妙的平衡。

我在演講中稍為講解了 QALY 的應用，以及應用中涉及的醫療公義問題。罕見疾病的治療效用常是有限的，這意味著換取 QALY 所花費的公帑可以是十分之高。而且有關罕見疾病的藥物開發和療效研究有其特別的難處，因此如果採取單一的度量衡計算成本效益，統一撥款門檻，罕見疾病將得不到昂貴的治療；但是也不能不問效益，純是基於訴求而優先照顧。事實上這也不是罕見疾病群體的訴求。

我也提到，在倫理學，有一項與罕有疾病相關的倫理原則是「不放棄的原則」（non-abandonment）。在一些疾病，如果決策結果會變成放棄不治，就必須三思。

80

罕見病病人的藥物需要，因感人故事而成為政策焦點，卻也令人不放心。一個由香港大學醫學生成立的組織「青醫匡時」力排眾議，在網媒撰文，質疑政府是否應該用公帑資助極昂貴而療效有限的藥物。文章寫來條理分明，雖然有些過於簡單地使用 QALY 作為參

考，但相當有洞察力。

文章首先提出，坊間有人批評政府有大量盈餘，斥巨資興建高鐵和港珠澳大橋等基建，卻對藥費開支錙銖必計，因此倡議應大手筆撥款資助罕見病的昂貴藥物。作者認為兩個問題要分開討論：第一，多少公帑應該花在醫療上；第二，醫療開支應該如何使用。

作者提醒，醫療撥款應否增加，增加多少，應該反映社會的價值判斷，而且要經政治過程決定；至於後者（撥款的使用配置），文章認為這基本上是成本效益的問題，應可以從經濟分析得出答案，不宜當作政治題處理。誰陳情爭取成功誰就可以得到醫療資源，這並不可取。

文章向讀者介紹了 QALY 的量化方法，提出應用例子和疑問：

1. 按病人組織估算，政府若全數資助罕見病患者的治療費用，每年開支為 3.3 億元，相等於 74 萬次普通科門診診症的成本，或 430 個新入職專科培訓醫生一年的薪金，又或者資助近 3,300 名肺癌病人購買標靶藥 Gefitinib 的開支。要把新增的撥款用於罕見病藥物，就必須要放棄該筆款項的其他用途，是為機會成本。無論社會如何富庶，醫療開支都是有限的，不可能滿足所有需求，因此無可避免要有所取捨。

2. 所有人都不希望患病，所有病人都是不幸的。若然把感情拉進討論裡，那麼醫生不是對這班病人無情，就是對那班病人冷酷。

3. 在公共開支問題上，往往有兩種持分者：人數較少的持分者組織團體並積極發聲，可以從政府資源中獲得很大的利益；相對的是有些持分者人數眾多但組織性弱，甚至是沉默的大多數人，就在分配資源時被忽視，這是不公平的。

4. 政策制定者不應考慮壓力團體的聲量、個人情感等因素，而應以成本效益為依歸作通盤考慮，盡量令最多人受益最多。

這篇文章可能反映了不少醫生的想法：在資源緊張的公營醫療服務裡，基於團體壓力或公眾情緒的分配方式，只是埋藏了深層次的問題。

我看 QALY 分析也有其限制，「令最多人受益最多」的分配方式未必就是最公平或最合理。如果狹窄地以「成本效益最大化」作為指導思想，是會衍生各種奇怪的有違道德直覺的結果。例如，在同一種病，昂貴的救命治療用於年輕病人，會比拯救年老病人賺得更多 QALY，那麼長者應該視作次等病人？末期病人剩下的最後日子不多，因此不值得發展舒緩治療服務？

經濟學方法不會完全解決倫理難題。民情固然有時是由情感主導，情感反應卻也會暴露制度理性的盲點。令我不放心的反而是，當醫療制度的可持續性出現問題，而結構性的弱點得不到改進，無論是順應民情派藥，抑或是使用量化工具左右攤分，最終也會損及沉默的病人。過去 20 年，香港歷屆政府試圖提出各種醫療融資和改革方案，每次都是舉步維艱和知難而退，這與社會上長期缺乏對醫療資源分配的討論有關。

參考資料

節

74　Beatrix Hoffman. *Health Care for Some: Rights and Rationing in the United States since 1930*, University of Chicago Press, 2012.

75　Beatrix Hoffman. "Health Care Rationing is Nothing New", Scientific American, 18 January 2013; https://www.scientificamerican.com/article/health-care-rationing-is/

76　W. Ross. "God Panels and the History of Hemodialysis in America: A Cautionary Tale", *Virtual Mentor*, November 2012, Volume 14, Number 11: 890-896; Http://journalofethics.ama-assn.org/2012/11/mhst1-1211.html

77　W. Ross. "God Panels and the History of Hemodialysis in America: A Cautionary Tale", *Virtual Mentor*, November 2012, Volume 14, Number 11: 890-896; Http://journalofethics.ama-assn.org/2012/11/mhst1-1211.html

　　C.R. Butler, R. Mehrotra, etc. "The Evolving Ethics of Dialysis in the United States: A Principlist Bioethics Approach", *Clin J Am Soc Nephrol*, 7 April 2016, 11(4): 704–709. Published online 11 February 2016. doi: 10.2215/CJN.04780515

78　David L. B. Schwappach. "Resource Allocation, Social Values and the QALY: A Review of the Debate and Empirical Evidence", *Health Expect*, September 2002, 5(3): 210–222. Published online 28 August 2002. doi: 10.1046/j.1369-6513.2002.00182.x

　　C. R. Butler. "The Evolving Ethics of Dialysis in the United States: A Principlist Bioethics Approach", *Clin J Am Soc Nephrol*, 7 April 2016, 11(4): 704–709. Published online 11 February 2016. doi: 10.2215/CJN.04780515

79　〈池燕蘭逝世一年女兒近月獲藥物資助家人唏噓〉，香港 01，2018 年 4 月 23 日；https://www.hk01.com/ 社會新聞 /180657/ 結節性硬化症 - 池燕蘭逝世一年 - 女兒近月獲藥物資助 - 家人唏噓

　　〈林鄭月娥親自去信藥廠促成為肌肉萎縮周佩珊引入新藥〉，香港 01，2018 年 3 月 1 日；https://www.hk01.com/ 社會新聞 /164107/ 罕見病 - 林鄭月娥親自去信藥廠促成為肌肉萎縮周佩珊引入新藥

80　阿佑，〈政府應用公帑資助昂貴藥物嗎？〉，立場新聞，2017 年 6 月 6 日；https://thestandnews.com/society/ 政府應用公帑資助昂貴藥物嗎

　　冼藝泉，〈醫療資源分配與融資改革〉，陳浩文、區結成編著，《如何走下去——倫理與醫療》，第 3 章，城市大學出版社，2018 年，42-56 頁。

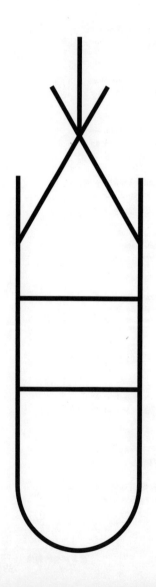

第六章

第六章是這書下半部分的第一章。前五章
篇幅較長，後五章比較短。前五章的主角
是「生命」，後五章的主角是「自由」。
在生命倫理的世界，「自由」的焦點落在
一個身形細小、分量卻重的價值原則上
面：「自主」（autonomy）。

個人自主：知情同意、自主

81

在本書第 33 節已經提到 Tom Beauchamp 和 James Childress 的四大倫理原則：

「尊重自主」（respect for autonomy）

「不予傷害」（non-maleficence）

「行善裨益」（beneficence）

「公平公正」（justice）

兩位作者在 1979 年出版《生命醫學倫理原則》時，面對的是日新月異的醫學倫理問題，亦針對範圍更廣的生命倫理課題。四大原則有不同的中譯名，在 2018 年我和香港城市大學哲學副教授陳浩文合編《如何走下去——倫理與醫療》一書的時候，經過推敲，選擇了以上的翻譯。

在醫療，尊重病人自主的重要性是不言而喻的：醫生不能強迫病人接受治療。病人有權利得知自己的診斷結果，知悉各種治療方案的利弊，自主地選擇。他有權拒絕某種治療，即使醫生認為那種治療對他病情有好處。在進行入侵性的檢查和手術之前，有病人簽署知情同意書的常規程式。

四大原則的排序本來沒有輕重優先之分，但「尊重自主」常被視為四大原則的首要一條。這在倫理學者中間不是沒有爭論的。這條原則的興起，以及現代的「知情同意」程式，最初是回應不人道和有違醫學道德的人體實驗（見第 46 至 48 節），它的哲學來源與自由主義

（liberalism）相關。道德哲學有其他派系，東方哲學（例如儒家思想）與西方哲學又有不同，對自由主義特別強調個體（individual）的權利和價值提出質疑和批評。關於這些爭論，我們留待第八章「價」再說。這兒預早提一提：四大倫理原則並不偏重尊重個人的自主。「尊重自主」原則與另外三條之間有互相平衡的作用，尤其是「公平公正」，特別要求有群體的考慮。

82

大學時期我常常思考中西文化異同的問題，希望珍惜自己的傳統價值，不要在現代世界迷失；另一方面也思考中國如何走向世界，尊重普世人類價值。例如這樣一個問題：西醫有醫學倫理，中醫有醫德傳統，在哲學上固然可以互相啟發，但在具體實踐上，中醫是否應該採用與西醫一樣的專業倫理標準？中醫「醫者父母心」的理念和「尊重自主」原則有沒有矛盾？

放眼世界，西醫專業群體有自己的文化背景，各國西醫之間的差異可能並不比西醫與中醫之間的差異小。

寫這一章之前不久，我在報章專欄的一篇短文載有新近的小小觀察，這兒節錄：

> 醫生從醫學院畢業，多有宣誓儀式，在宣誓中確認重要的專業倫理原則。最古老的醫生誓詞是 2,500 年前的 *Hippocratic Oath*，但其中有些內容已經過時，筆者在八十年代初畢業時，醫學院接納同學提議，以〈日內瓦宣言〉為基礎，略作修訂後使用。

〈日內瓦宣言〉是世界醫學協會（WMA）的「出品」，最先在 1948 年 WMA 第二次大會上通過。這是二次世界大戰結束不久，納粹醫師為政治服務殘害病人和弱勢人士的血跡還未乾，宣言特別聲明：即使在威脅之下也不運用醫學知識去做違反人道的事。

各國國情、文化和價值觀有異，要草擬世界各國醫學會一致認同的宣言很不容易，必然有些妥協。例如宣言強調醫生要「盡力維護人的生命」，就是含有妥協的寫法。以墮胎手術為例，墮胎也可以算是放棄胎兒生命，有些國家絕不容許墮胎，有些國家就十分自由，因此只能中間落墨，「盡力」便是。

WMA 每隔約十年就審視一次，有需要便修訂。去年大會更新宣言的版本添了些條文，有一條是：「我將尊重病人的自主權與尊嚴」。

看來很簡單的一條，原來也是有難度的。這是 WMA〈日內瓦宣言〉第 5 次修訂了。從 1948 年算起，差不多 70 年，「尊重病人自主」才寫進了宣言。這是來自西方的現代價值觀，在中國內地醫療文化是讓家人主導決定，缺少明確的病者個人自主權，尤其是年老癌症病人，常常不由自主。然而，中國醫學組織接受了新修訂，可見開始擁護「尊重病人自主」的倫理原則了。

　　中國內地一向依靠家人代病人聽取醫生講解病情，近親主導醫療決定頗為常見，有時因非理性的決定引起問題，引發社會議論。這在癌症病例尤其多見，例如向病者隱瞞病情。如果病者連基本的診斷結果也不能知道，「尊重自主」當然無從談起了。

　　對於這些傳統現象，常見的解釋是為要保護病人，怕他聽到噩耗會激動、抑鬱，甚至受不了打擊，一蹶不振失去生存意志。這個說法近年受到挑戰。北京大學腫瘤醫院康復科主任唐麗麗接受《科技日報》記者採訪時說：「其實在臨床上，我們經常看到的情形是，患者和家屬對病情都心知肚明，但誰都不挑明。為了配合這種『默契』，醫生也不得不遮遮掩掩。然而，值得注意的是，『不告訴』並不代表患者會往好的方向想。通常，家屬越是不說，病人就越是恐懼。」她認為，由醫生直接把壞消息告訴患者，看起來比較「殘忍」，但是醫生能夠把病情、治療的成功機會清楚交代，反而會有助病人積極配合治療。

　　山東一位腫瘤科醫師公維宏有網誌文章引述國內外調查說明，無論是日本或中國癌症病者，多數也希望獲知自己的病情。他認為，病者總能從蛛絲馬跡中得知真相，要對癌症病者長期隱瞞病情，有如導演一場長期、全天候的話劇：指望病者家屬、醫護人員乃至病友都要有高超的演技，天衣無縫地編排「善意的謊言」，顯然不切實際。

　　一個內科醫生以化名接受《新聞晨報》記者訪問說，自己剛畢業時也覺得保護病人、向病人隱瞞病情是人性化的做法，直至有一次，病房進來了一個新病人，在答問病史的時候很從容，直言不諱而且臉

帶微笑。他禁不住問，你看上去一直鎮靜而樂觀，是怎麼做到的？病人笑說，怎麼可能一直是這樣呢？第一次確診肺癌時，她和丈夫覺得天塌了。傷心幾天後，就決定重新開始，多活一天就多幸福一天。知悉病情反而令她安樂。

　　另一個癌症病人是個老先生，在醫院住了一個多月，他的兒子從第一天就囑咐醫生，不可讓老先生知道病情。可是在出院時，醫生竟然忘記了，慣性地拿著有診斷資料的出院撮要，進病房給老先生簽字。這時醫生記起病人兒子的囑咐，有點手足無措，不知道應否阻止老先生打開信封。老先生卻把信封還給醫生，淡然地說，不要給我看了，交給我兒子就行了。醫生心中詫異，但回想這一個多月裡，睿智的老先生天天和他閒聊生活經歷和人生感悟，只是從來不問自己的病情，連手術後也不曾問過一句。他可不是目不識丁的人，哪有這麼好哄？相信早就知道了，只是順著家人的意思，佯裝不知道吧？

84

　　《科技日報》記者引述一個問卷調查，調查問兩個問題：一、「如果親人查出癌症，你會告訴他真相麼？」二、「如果你被查出癌症，你希望知道真相麼？」2,000 多份答案的結果讓人驚奇：在親人得病的時候，74% 的讀者選擇向親人隱瞞所有或者部分病情，只有 26% 選擇告訴患者所有資訊。但當換成自己時，卻有高達 85% 的人都希望能知道所有資訊。

　　上述故事和報道是否以偏概全？我閱讀過的許多其他文章，都提供了相同的景象。事實上，中國近年在逐步改進有關病人知情同意

的程式規定，先是從 2002 年訂立醫療機構管理的行政法規，列明患者知情權包括了對自己的病情、診斷和治療知情。在進行診斷和治療時，須由患者本人簽署同意書。管理的方式是試行病歷書寫的基本規範，除了患者不具備行為能力之外，凡特殊檢查、治療、手術等，都要病人簽署。2010 年進一步通過《侵權責任法》，界定了患者（而不是家人）是醫療關係中知情同意權的主體。

現代醫療的「知情同意」程式，前提是病人有足夠的神志與認知能力，法律上稱為「精神上的行為能力」（mental capacity），能夠理解、記取醫生講解的有關治療的資訊，並且有能力權衡和抉擇。香港的病人知情權概念與英國普通法有密切關係，雖然香港人口以華人為主，但病人知情同意書遵循的原則是以個人權利為本，而在實踐中也輔之以向家人講解，尋求家人同意（即使這並不是法律上的要求）。

香港實施的病人知情同意程式行之有效，法律和倫理原則都清清楚楚，但實踐中也不是沒有問題。知情同意是十分繁複的程序，要做到完整準確需要頗多的時間，醫護人員也須具備良好溝通技巧和恰當的語言運用。在香港，大多數病人使用公營醫療系統，而公立醫院長期超負荷，醫護人員與病人面談的時間極短促，在這種情況下能否做好知情同意程序？再說，知情同意書提供的資料日益繁複，尤其在臨床研究，參與者需要很多時間才能看完有關資料，研究員也要花上不少時間解釋，最終病人可能只是出於因信任醫生才簽下同意書。知情同意程序在實踐中的質量如何？有論者認為很需要研究。

　　知情同意程式是病人自主的日常體現。在法律和倫理學上，病人自主權可以從反方向理解：尊重病人自主即是准許病人拒絕接受治療，即使醫生相信這是不智的選擇。

　　極端的情境是，當病人拒絕接受治療，而拒絕治療會引致生命危險。這是倫理上的兩難（ethical dilemma）。為什麼是兩難？因為「尊重自主」的後果會違反「不予傷害」原則，造成原則性的衝突。

　　第二章講述的 Karen Quinlan 案也是這樣的極端兩難情境。表面看，Karen 處於持續的植物人狀態，不會有適用的知情同意程式，但最高法院要裁決的爭議是：她的家人和朋友作證，Karen 過去曾清楚表示絕不願意有一天在這種依靠機器的狀態下維持生命。事先表達的自主意願因而與「不予傷害」原則相衝突。醫院和主診過不了自己的道德原則，不肯撤走呼吸機。

　　對於這樣由法庭解決醫院與家人間的矛盾，你覺得怎樣？我在不同的人生階段，看法也有不同。

　　最初我是從社會角度看。Karen Quinlan 並不是她父母的親生女。她本是一個未婚的年輕女孩的嬰兒，給送到收容院，一個月大時被 Quinlan 夫婦收養。Quinlan 夫婦信仰天主教，她就在新澤西州郊區的天主教家庭氛圍長大。他們愛她如親生女兒，依信仰教養她。Karen 在中學被視為一個健康開朗的女孩，中學畢業，父母期望她入讀天主教大學，學位應當沒有問題，但她選擇不上大學，搬出去與兩個朋友租房子自立生活，做一份普普通通的工作。

　　不久，僱主生意逆轉，Karen 被裁員，之後做一些散工，在油站

為汽車入油之類。生活的圈子變了,結交的多是不滿主流社會的朋輩,她飲酒、濫用鎮靜劑。在昏迷的那一天,她參加朋友的生日派對,有濫藥,但入院時驗血顯示的份量並未至於危險。朋友說之前兩天她在嚴厲節食,幾乎沒有吃過任何東西。記者訪問她的舊朋友,有人記起,即使在高中時期,她表面開朗,其實常常感到十分孤獨。

她的年紀比我小一年。當年香港比美國多唸一年高中,因此我們應是同在 1974 年中學畢業的。我不免遐想,當我憧憬在美國的大學體驗自由主義的教育時,Karen 是否也有其他人生選擇?

Karen 是在 1975 年 4 月 14 日入院的,如果她沒有成為植物人,兩星期後就會及時見證美國的越南戰爭結束。這場幾乎打了 20 年的戰爭,死了很多美國年輕人,活下來的軍人帶著創傷回來。當年一整代年輕人在反戰中以 John Lennon 為象徵符號,要活出「愛與和平」的夢想,那也是一個放任自流、反建制、沉溺、濫藥的年代。

年輕時期我會懷疑:Karen 成為一個經典案例,但在人生中她真的曾經自主抉擇嗎?誰能細說她與主流社會格格不入的人生?

後來自己成為一個專科醫生之後,比較能分清楚:社會層面的關注,與醫學臨床上尊重病人自主畢竟是不同範圍內的事。

86

Karen Quinlan 最終並沒有因撤掉呼吸器而即時死亡,因為她的病況還容許逐步「戒除」維生呼吸器,讓醫院和醫生能夠在不違抗法庭命令下又保住了自己的道德底線。倘若她在撤掉呼吸器後就即時死亡,那將是更大的爭議。

十多年後，有另一宗經典的案例，主角真是因撤掉維生的醫療干預而死。Nancy Cruzan 的訴訟案從 1986 年開始，1990 年 12 月 14 日密蘇里州最高法院裁決她的父母勝訴，她的主治醫生遵從法庭令撤除她的人工餵食管，她在 12 天後死亡。

Nancy 最初是在 1983 年因車禍所受的腦創傷，造成永久植物狀態（persistent vegetative state，PVS），她可以自主呼吸，但需要依靠胃造口以人工餵食。過了三年，眼見復元無望，她的父母要求終止人工餵食，醫療機構拒絕執行要求，因而訴請法院進行裁決。

與 Karen 的個案一樣，最高法院衡量的焦點並非病人父母的意願，亦不是判斷植物人客觀上有沒有生存價值，焦點是病者本人的自主意願有無被違反。如果病人預先有立下指示（即預設醫療指示，見第 33 節），那就是意願的證據。

Nancy Cruzan 案和 Karen Quinlan 案一樣，病人都沒有預設醫療指示，法庭於是考慮證人的證辭。密蘇里州最高法院的立場是：憲法保障人民有權拒絕接受治療，但法院需要清楚且令人信服的證據，以確認 Nancy 曾經表明拒絕。最初法庭並不信服 Nancy 父母的證辭，但在 1990 年 12 月，有超過三個 Nancy 的朋友提供「清楚且令人信服的」證據，證明她不會想要持續處於永久植物狀態，證言為法院所接受，於是允許撤除人工餵食管。

Nancy Cruzan 案的審理與裁決並不風平浪靜。最高法院裁決之後，還有市民七次入稟反對，試圖迫使政府恢復人工餵食。法院認為他們並非法律上相干的人士，無法律地位來挑戰。12 月 18 日，19 名示威者闖入醫院，企圖重新接駁 Cruzan 的餵食管。在她去世前一天，抗議者還在醫院外紮營過夜，舉行祈禱會，不肯離開。

這一天，家人發了一段簡潔的公開聲明，其中說：「要了解 Nancy，惟有是家人才能如此了解，我們作出的選擇毫無疑問是她想要的。Nancy，我們永遠愛你，把你的記憶長留心底。」

87

我的下一段醫務生涯在 1994 年從老人科轉到康復科，診治不同年紀的各種醫療殘障患者，包括年輕的脊椎神經癱瘓病人和腦創傷病人。這時我已是部門的主管，早已清楚掌握 Nancy Cruzan 等案件的關鍵原則，有時也會在講授醫學倫理的時候借用，解釋何謂尊重病人自主。

2002 年英國一宗「B 女士案」（Ms. B v An NHS Hospital Trust）令我有新的矛盾心情。這一次的訴訟方是病人 B 女士本人，被告是院方。她四肢癱瘓但完全清醒，堅持撤去呼吸機，選擇死亡。她對「自主」的堅持真是徹底。

B 女士 43 歲，是個獨立能幹而且有才華的未婚女子。她患有一種先天脊髓血管畸形嚴重出血，頸部以下的四肢完全癱瘓。從 2001 年 2 月起，她的生命完全靠呼吸器在深切治療部（intensive care unit，ICU）維持。脊髓血管出血造成的癱瘓並不會引致昏迷，清醒的 B 女士要求把呼吸器撤走，在她的病況，死亡是必然後果。

4 月，兩名精神病醫生評定她為精神上無行為能力，不能自決，因此呼吸機沒有被撤。8 月，另一名獨立的臨床醫生來評估，認為她有自決的能力。主治醫生拒絕撤除呼吸器，而是提出反建議，讓她參加一個復康療程，希望有一些改善。但 B 女士拒絕了這提議，堅持

原來的要求。在 2002 年 1 月，她向英國高等法院提訴訟，尋求法院頒令院方非法侵犯人身（unlawful trespass）。

在聆訊中，雙方（B 女士和醫院）都有法律代表，爭辯的問題是，B 女士是否有能力決定撤除呼吸器，如果她確有能力自主決定，那麼醫院是否對她進行了非法治療？

法院聽取了 B 女士和其他五名醫學證人的專業證辭，結論是，B 女士有能力做出自己的決定。因此，所涉機構盡其職責提供的醫療照顧，反而就構成非法侵犯。

矛盾是：撤除呼吸器之後，死亡既不可免，那麼醫生撤除呼吸器的行動豈不是有如協助自殺？但是在英國，醫生協助病人自殺是不合法的。法院在此案的裁決指出，一個有能力的病人如果清醒地拒絕接受醫療照顧，甚至認為醫療的方式是侵犯個人身體的完整性（bodily integrity），那麼拒絕醫療干預的確是她的自決權利。因此，醫生撤除病人並不接受的維生儀器，這既不是謀殺，也不能視為協助自殺。

對於這裁決的邏輯和道理，我清楚理解，但身為醫生卻有莫大的猶豫。這時期我在康復專科的服務對象有各種殘障病患，包括像 B 女士這樣的脊椎癱瘓病人。脊椎癱瘓病人要經歷很大的心理波動，憤怒、絕望，拒絕面對的反應都有。耐心輔導和積極復康訓練不是無用的，但與病者的期望常有落差。身為醫生的反應，總是盡力輔導，而不是一下子撤除呼吸器，眼看病人死亡。

無論如何，B 女士最終如願以償，在 2002 年 4 月底的一個星期三，醫生為她撤除呼吸器，她在睡夢中去世。當局幾天後才公佈她的死訊。

88

B 女士死後，在英國社會和倫理學界掀起一輪爭議，連著另一個病人的新聞，成為共同焦點。

這另一個病人名為 Diane Pretty，她患的是「運動神經元症」（motor neuron disease，MND）。著名天體物理學家霍金（Stephen Hawking）患的也是這個病，病人全身肌肉會逐漸退化，當呼吸肌肉也退化，就要用上呼吸器，最終也會死於呼吸衰竭相關的疾病。

與 B 女士相似的是，Diane 也是頭腦清醒的四肢癱瘓病人。她早於 1999 年確診 MND，病情迅速惡化，頸部以下全身癱瘓，同樣靠呼吸機維持生命，也失去大部分的語言表達能力。與 B 女士不同的是，Diane 要求去瑞士接受「醫生協助自殺」服務，而遠赴瑞士必須有人協助方可成行。她的丈夫願意這樣做，但按照英國 1961 年《自殺法》規定，任何人幫助別人自殺會被視為謀殺，可被判最多 14 年的監禁。Diane 要以自己的個案挑戰《自殺法》的規定。這不是一般的求死，她是要在原則上爭勝，要法律承認個人有權自主死亡，而其他人遵其意願協助不應被視為謀殺。進一步，她認為癱瘓的病人既無力自殺，得到協助也是一種平等權利。

在 B 女士死訊公佈的同一天（2002 年 4 月 29 日），Diane Pretty 女士向歐洲人權法院的申訴被判決敗訴。

早於 2001 年 7 月，Diane 致函英國公訴檢察長，申請一個赦免承諾，請求檢察機關預先赦免她丈夫預備協助她自殺的行為，承諾不進行起訴。這當然行不通。無論情況多麼特殊，司法機關根本無權赦免未曾發生的犯罪行為。她向法院要求下令公訴檢察長做出不起訴承

諾，或是判決《自殺法》的規定是違反 1950 年《歐洲人權公約》相關條款，這也敗訴。她上訴至英國上議院，再敗訴，於是案件訴訟去到歐洲人權法院。

Diane 由法律代表協助，提出清楚的理據，爭取歐洲人權法院支持。論點借力於《歐洲人權公約》，指公訴檢察長拒絕給予赦免承諾，導致她只能沒有尊嚴地苟活，構成了「有辱人格的待遇」，這應可視為違反了公約保護人類尊嚴的條文。法律代表又指 Diane 對得到協助自殺的信念堅定，等同一種信仰，故此實踐協助自殺也應視為一種信仰的表達自由。

根本的立論是這樣：《歐洲人權公約》第八條明言保護個人的自治（或自決）權利（right to self-determination），而 Diane 認為這應該包含了支配自己身體的權利，而選擇何時、以何種方式死亡，應該是一個人對自己生命作支配的正當權利的一部分。

這些論點都被人權法院否決。人權法院不否定 Diane 爭取「死的權利」有其正當性，問題是《歐洲人權公約》第八條提出的「死的自主權」是否可以理解為「死的權利」（right to die）。

歐洲人權法院只是一般性地同意 Diane 的訴求與公約第八條所保護的權利是有關連的，但指出這條款的出發點本來是有鑑於醫學進步和壽命增長，不少人認為在他們年老而處於身心衰退狀態時，不應該被強迫以醫學手段延遲死亡。病人可以拒絕與個人尊嚴相衝突的治療，但不能把自決權絕對化。

人權法院又認為，英國的自殺法案是為了保護易受侵害的弱者，相關條款沒有違反「合乎比例原則」（proportionality principle，也可譯作「相稱原則」）。也即是說，自殺法案禁止協助他人自殺，

並不算是過度限制。

89

在歐洲人權法院判決 Diane 敗訴後的第 12 天，她在一間善終護養院逝世。一直支援這對夫婦作法律抗爭的自願安樂死協會（Voluntary Euthanasia Society）發表的一份聲明中，指 Diane 在最後十天裡呼吸困難，然後陷入昏迷。她的丈夫感謝醫護人員細心照顧，但又說，有幾天他們很難處理她的不適，她經歷了一向擔心的困難的死亡過程，但旁人已沒有什麼再可以做的了。

在西方多個國家，爭取自願安樂死、醫生協助自殺，以至更廣泛的自主死亡權利的事件，不是零星發生的，那是持久的運動。這底下有著十分看重個人自決和個人尊嚴的文化土壤，而運動的進程也加深了這種對個人權利的堅持。歐洲人權法院對 Diane 申訴的裁決並沒有令英國的爭議平息。

下一個繼續鬥爭的英國病人 Debbie Purdy 也是患有神經系統疾病的女士，她的名字甚至和 Diane Pretty 有些相似。Debbie 在 27 歲新婚後不久被診斷患有多發性硬化症（multiple sclerosis），這是 1995 年，還在 Diane Pretty 被診斷出運動神經元症之前。多發性硬化症並不像運動神經元症那樣迅速惡化，新的藥物治療在某種程度上有效，但病情會反覆，總體上走下坡。Debbie 從年輕時已參與社會運動，她讀到 Diane Pretty 爭取自主死亡的案例，決定傳承這個訴求。

在律師的協助下，她建立理據入稟，於 2008 年 6 月首次出庭。她採取一個聰明迂迴的立論，提出即使根據英國 1961 年的《自殺法》

公訴檢察長是有權對協助病人自殺的家人作刑事檢控，但現行法律的執行態度是虛偽的，對出國旅行尋求協助自殺的個案視而不見，卻來威脅他們的親人，說有權作出檢控。公訴檢察長和英國政府有責任向市民提出清楚指引，說明在什麼情況底下、依據什麼準則，並界定親人提供什麼程度的協助，才會構成等同謀殺的刑事罪行。反過來說，這間接是要求公訴檢察長事先說明在什麼情況下不會起訴家人。

Debbie 的訴訟一層層上訴至最高法院，仍是被駁回，但也非一無所得。2009 年 9 月，最高法院確認公訴檢察長無權在發生案件之前赦免任何人，但裁定 1961 年《自殺法》是欠缺明確性，技術上未曾滿足《歐洲人權公約》的要求。裁決指公訴檢察長有義務公佈檢控協助他人死亡的法律準則。

這被爭取自主死亡權利的組織視為勝利。其後，Debbie Purdy 出版自傳，表明她抗爭的初衷不是因為自己想了結生命。最終，她真的計劃前往瑞士的協助自殺診所尋死，只是未來得及，病況已嚴重惡化，進入臨終階段。她在 2014 年 12 月 23 日去世。

90

爭取廣泛的自主死亡權利的新聞，在 2018 年來到一個新焦點：一個並沒有罹患什麼末期疾病的人，也非因為抑鬱病，只是覺得人生活夠了，不想經歷老去多病的最後一程，是否也應有權得到協助自殺？

2018 年初，著名的植物學家及生態學家 David Goodall 在 104 歲的生日會上公告，他預備從澳洲的珀斯遠赴瑞士尋求了結生命，成為

環球媒體追蹤的熱點新聞。倡導自願安樂死的組織 Exit International 為他眾籌 20,000 澳元旅費，有 220 多人支持。這組織也為他安排多番傳媒訪問，事先張揚的安樂死旅程也被用來批評澳洲政府對安樂死的政策。

澳洲曾多次辯論應否讓安樂死合法化，至 2018 年只有維多利亞州容許協助自殺，範圍限於患有絕症、預期壽命少於六個月的病者。Goodall 老先生沒有身患絕症，並不符合資格。前一年，他在獨居的家中跌倒，沒有骨折，但倒臥地上兩天後才被發現。在一些訪問中他提到跌倒後住醫院的經驗，感到大小事情也不能自理，這是無尊嚴的活著。

他在多年前已率先加入 Exit International 組織，成為會員。他認同自願安樂死應該屬於個人權利，這一跌入院更令他決心，在健康變壞之前尋求結束生命。

一些中文媒體誤把他尋求協助自殺的決定，理解為寂寞可憐老人厭世的故事。比較完整而立體的素描見於 5 月 5 日，澳洲 ABC 新聞記者 Charlotte Hamlyn 的專題報道 The Last Move。Goodall 並不是不愛他的親友，他只是異常地珍惜個人獨立自主，堅定捍衛死的自決權利不應受到限制。他的說法是，一個公民到了五、六十歲，已經回報了社會，此後他如何處理晚年生命就是個人的事。他不是主張別人結束生命，但認為如果有人想這樣做，社會不應干涉。

瑞士有三個施行醫藥協助自殺的機構，其中 Lifecircle 和更高調並廣為人知的 Dignitas，會協助外國人進行自殺，Exit 則只接受本國人民申請。支援 Goodall 眾籌旅費和宣傳工作的 Exit International 與 Exit 是不同的機構，它倡議安樂死，但不直接提供服務；它為

Goodall 安排了前往 Lifecircle 結束生命。

Lifecircle 創辦人是 Dr. Erika Preisig 和 Ruedi Habegger 兩姐弟，他們曾協助自己的父親自殺。Erika Preisig 先前為 Dignitas 工作，在 2011 年自立門戶，成立機構 Eternal Spirit，診所命名 Lifecircle。

Exit International 創辦於 1997 年，創辦人 Dr. Philip Nitschke 是個醫生，年紀輕輕從醫學院畢業不久已經對推動安樂死情有獨鍾，尤其醉心研究可以讓病人自助的「死亡機器」。他與夥伴共同創製了新型的自殺膠囊機器 Sarco，可以用 3D 列印技術低成本自製，躺進去按下死亡鍵，膠囊內會釋放氮氣令使用者缺氧而死。2018 年在荷蘭展出的 Sarco 更進一步，膠囊形狀像太空艙，底座可以重複使用，執行完安樂死後將膠囊連死者拆下就可以直接作為棺材入殮。

Dr. Nitschke 帶頭支持 Goodall 的尋死之旅，以此宣揚主張：「每一個理性的成年人（無論出於任何原因）都有選擇安樂死亡的權利。」這是徹底的死亡自決。他的理想是任何人也應享有絕對的死亡自決權利，最好政府完全放任，不依靠醫生更好。Goodall 沒有這麼狂熱。在一次訪問中他冷靜地說：「我不建議每個人都能買到（自殺藥物），隨手就從店子貨架上自取。我認為有很多人可能會濫用。我認為應該由醫生處方來做。」

最後，他以自己的旅程貫徹信念，在 Lifecircle 診所以藥物注射方式結束了生命。

參考資料

節

81　陳浩文、區結成編著：《如何走下去——倫理與醫療》，城市大學出版社，2018，8-9 頁。

82　區聞海，〈超越入鄉隨俗〉，《信報》，2018 年 6 月 2 日。

83　李穎，〈知情是患癌者家庭的必修課〉，中國科技網，2018 年 1 月 18 日；http://www.stdaily.com/kjrb/kjrbbm/2018-01/18/content_625267.shtml

　　公維宏，〈癌症：家屬對病者隱瞞病情　既不科學也徒勞〉；https://www.haodf.com/zhuanjiaguandian/gongweihongdr_5037962930.htm

　　顧箏，〈他們真的沒有承受能力嗎？〉，每日頭條，2017 年 5 月 21 日；https://kknews.cc/zh-sg/news/xmrjkk9.html

84　李穎，〈知情是患癌者家庭的必修課〉，中國科技網，2018 年 1 月 18 日；http://www.stdaily.com/kjrb/kjrbbm/2018-01/18/content_625267.shtml

　　區結成，〈一河之隔——病人知情權的差距〉，《信報》，2018 年 8 月 27 日。

　　張文英，〈知情同意〉，陳浩文、區結成編著：《如何走下去——倫理與醫療》，第 5 章，城市大學出版社，2018，72-83 頁。

85　Mary Breasted. "Karen Quinlan's Life Before the Coma", New York Times, 14 October 1975; Http://www.nytimes.com/1975/10/14/archives/karen-quinlans-life-before-the-coma-karen-quinlan-before-coma.html

86　蔡甫昌等，〈長期呼吸器依賴病患撤除維生治療之倫理法律議題〉，《台灣醫學》，2012 年 16 卷 2 期，156-173 頁；www.vghtc.gov.tw/GipOpenWeb/wSite/public/Attachment/f1343620569632.pdf

　　"Nancy Cruzan Dies, Outlived by a Debate Over the Right to Die", New York Times, 27 December 1990; https://www.nytimes.com/1990/12/27/us/nancy-cruzan-dies-outlived-by-a-debate-over-the-right-to-die.html

87　Athena Liu. "Ah Bun and Euthanasia in Hong Kong", Hong Kong Law Journal, 2009; https://www.law.hku.hk/faculty/staff/Files/Ah%20Bun%20and%20Euthanasia%20HKLJ%20(2009).pdf

88　劉澤剛，〈安樂死中的權利與尊嚴悖謬〉，中國憲政網（原發表於《寧夏社會科學》2008 年第 4 期），2008 年 8 月 7 日。

"Diane Pretty Loses Case, While Miss B 'Dies with Dignity", The Independent, 30 April 2002; https://www.independent.co.uk/news/uk/crime/diane-pretty-loses-case-while-miss-b-dies-with-dignity-9206520.html

89   "Debbie Purdy: Campaigner Who Fought Tirelessly for Clarification of Assisted Suicide Laws", The Independent, 30 December 2014; https://www.independent.co.uk/news/obituaries/debbie-purdy-campaigner-who-fought-tirelessly-for-clarification-of-assisted-suicide-laws-9950559.html

90   區結成,〈百歲求死:了結生命是權利?〉,《信報》,2018 年 5 月 21 日。

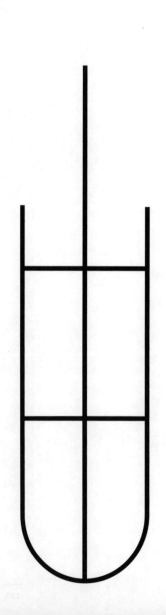

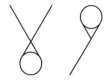

眾人自由：公共衛生與社會規範

第 七 章

争取自主死亡權利的運動，在英美澳加等地都成了氣候。在台灣也有響應，2018年 6 月，知名主播傅達仁患末期癌症赴瑞士尋求協助自殺，同月 7 日去世。

上一章的焦點在於個人的自主權利，但問題也可以反轉過來：政府有什麼正當的理由去禁止個人做有關自己的生命、健康、和死亡的決定？

在本章以「由」字點題，是取其「任由、放任」的意思，焦點放在政府對個人自主和自由的干預，例如在公共衛生。

91

公共衛生的倫理問題，常常涉及政府對個人自由可以作出多大的限制。有一些限制對公眾而言很易明白，爭議也小。為控制嚴重的傳染病，法律會賦予衛生部門權力，強制隔離病人、指令病人接受治療、指令懷疑傳染病的接觸者接受檢驗或測試等。在嚴重的疫症中甚至會隔離一整個區域，例如在 2003 年「沙士」（正式名稱是「嚴重急性呼吸系統綜合症」，severe acute respiratory syndrome，SARS），疫情中，香港衛生部門就曾下令封鎖隔離私人屋苑淘大花園其中一整幢樓宇。即使並非疫症時，也有時需要以隔離令指令開放性肺結核病人接受完整的療程。

在香港，衛生部門為控制傳染病流行而擁有的權力是受到相當大節制的。例如愛滋病，衛生官員和醫生都不能強迫病人接受治療，也不能指令接觸者接受測試；除非得到病人同意，甚至不得把診斷告知病人的性伴侶。對於後者，有人會覺得太側重「尊重個人自主」（「隱私權」是個人自主的一部分），但這是香港的法律和倫理立場，社會未必有完全的共識，但普遍理解及尊重個人私隱的重要性。

尊重個人自主的倫理原則，背後有西方政治哲學傳統。學者在討論個人自由和政府／社會的關係時，一定會提到 John Stuart Mill（1806-1873）的經典著作《論自由》（*On Liberty*）。本書的主旨不在介紹哲學，限於專業，我也沒有從頭到尾讀過《論自由》，然而即使只是概括地寫，這裡也不能跳過 Mill 的主張，因為其基本的問題正

是：在什麼情況下，社會才得以介入個人自由？

《論自由》一書原本是 Mill 和妻子的共同作品。這書在 Mill 的妻子死後才出版，有人認為書中的主張也含有私人的寄意，那是捍衛兩人結合的自由。兩人認識時，女方已是有夫之婦，人言可畏，他們相交 20 年後，到她的先生過世，兩人才走在一起。

社會對於個人自由的限制，不限於法律。來自於習俗和傳統的道德規範，常是未經思考批判的，而《論自由》就是試圖建立這樣的一個未經思考批判的標準。Mill 提出的簡單原則是：在文明社會，只有在為了防止造成傷害的情況，社會集體才有資格去干涉個人的自由。反過來說，如果個人的行為並沒有傷害他人，不會危及別人的安全，社會集體不能只是以「為了你好」、「為了幸福」等理由，就去強迫個人接受。細心的讀者會想起，上一章末寫到在 104 歲堅持尋死的植物學家 David Goodall，他就是堅持這樣的個人自由。

Mill 提出的原則，一般稱為「傷害原則」（harm principle）。個人抉擇可能並不合社會主流，但除非為防止他對其他人造成傷害，政府不可隨意干涉。

西方尊重個人自主的傳統當然不是從 Mill 開始。他對個人道德自主性的思考不及比他早生 80 年的德國哲學家康德（Immanuel Kant，1724-1804）深刻。康德哲學以個人為道德主體，自主的概念包含道德責任和道德自律。然而，作為一道簡潔的社會道德準則，Mill 提出的自由原則非常明確有力，影響了二十世紀下半葉以至今天整個西方生命倫理學的取向。

在中國，Mill 的 On Liberty 在 1903 年由嚴復翻譯出版。他沒有把書名直譯為《論自由》，而是譯作《群己權界論》，含有中國特色，

要在個人的「己」的領域與社會的「群」的領域之間界定中庸之道。他這樣翻譯，到底是限於傳統中國思想未能真正了解 Mill 的精要，還是因為國難當前，在尊重個體自由之餘，必須關心國家民族的整體的自由，這在日後成為嚴肅的學術研究題目。

92

在公共衛生場景例如對抗疫症，大局的需要常會被視為比個人自由更重要，但這也不是沒有可以討論的餘地。2003 年 2 月「沙士」從廣東省傳入香港，嚴重擴散，也傳到海外。整場「沙士」在全球共有 8,096 宗個案，遍佈 20 多個國家，其中 1,706 宗是醫護人員染病。僅香港一地就有 1,755 名患者（300 位是醫護人員），299 人死亡（包括 6 位公立醫院醫護人員和 2 位私家醫生）。加拿大多倫多也是受「沙士」影響的城市之一，在疫情退卻後，當局成立了一個跨界別的專家工作小組，研討抗疫過程中出現的倫理疑問。討論內容成為一篇有參考價值的文章，既點出了倫理問題，也帶出了重要的倫理價值原則和實行中的困難。問題之中，獨是有一道是工作小組也未能達至共識的：當醫護人員面對致命的疫症威脅，他們的專業照顧職責（duty of care）有沒有底線？

在疫情蔓延的幾個月間，內地與台灣都有前線醫護人員拒絕執勤的新聞，被稱為「逃兵」。另一方面，香港醫護人員堅守在抗疫第一線，即使在疫情最惡劣的沙田威爾斯親王醫院，也沒有前線人員拒絕工作；在英勇犧牲的人員中，最少有一位是自動請纓到最高風險的病區工作。

香港前線醫護人員的堅守，贏取了全球很高的頌讚，不過，令多倫多工作小組意見分歧的這個問題也是一個合理的疑問。他們舉了一個（相信是真有其事的）例子：一名深切治療病房的醫護人員，憂懼在工作中感染 SARS 並傳染給丈夫和三個小孩，在對家庭的責任和職責之間感到左右為難。堅守崗位是專業責任，但有可能犧牲了對家庭的責任。如果工作環境變得極不安全，醫護人員可否拒絕在其中工作？

就我所知，在香港類似的疑問和掙扎也並不是沒有。有些醫院單位在分配工作時也會酌情處理那些家庭責任特別大的同事。

93

多倫多工作小組針對的是一個硬問題：醫護人員有沒有權利拒絕被指派到危險的崗位工作？

他們這樣分析：

> 醫護工作者被迫權衡自己和家人面臨的嚴重而迫切的健康風險，與照顧病人的義務。這義務來自專業道德。試作類比，消防員也沒有選擇是否面對特別惡劣的火災的自由，警員也無法選擇不在黑暗危險的小巷上執勤。

> 然而，這些專業職責是有限度的。例如，醫護人員也有職業義務維持自己的健康，以維持為病人提供護理的能力。有人認為，在可怕的情況下，專業人員應該放下最低限度的自保意識，即使有潛在的生命代價也須履

行職責。另一些人卻認為，要求將極度的英雄主義作為工作常態是不合理的，要求將兒童和家庭的生命置於專業職責之下是不合理的。這兩種立場如何平衡是十分個人的，但對處理流行病疫是有至關重要的影響。

有一道德價值原則是「互惠」（reciprocity，含有互相照應的意思）。醫療機構有責任支援和保護醫療工作者，說明他們應對的情況為何，承認他們在危險和困難條件下的工作，並制定可行的應急計劃情況。安大略省衛生部長承認保健工作者的英勇工作，這是一項重要的互惠行為。此外，對於未來的流行病，應考慮採取保險基金等措施，為生病或因工作死亡的保健工作者提供保險基金。雖然許多醫生和護士都有補充保險，但一些保健工作者，如技術人員和文職人員卻是沒有。

我們未能就護理義務問題達成共識，特別是在醫護工作者在提供臨床服務方面有多大義務冒生命危險的這個問題上。這個問題需要研究者、監管機構和公眾的迫切關注。

94

公共衛生的著眼點首先是人口整體健康。有些政策是用教育方式推行，也有不少是強制性。例如行車規定扣上安全帶，你不可以說，我怎樣坐車是我個人的事，不扣安全帶也通常不會傷害其他人，按照 Mill 的「傷害原則」，既然對其他人不會造成傷害，政府為什麼

強迫扣安全帶？

公共衛生的道理是：你的生命也關乎社會和他人，你在交通意外受傷，搶救和醫治、康復護理都會耗用醫療資源，傷殘死亡的話更是社會的損失。

這個道理沒有誰會挑戰，如果連扣安全帶也對個人自由構成什麼嚴重侵犯，就讓政府扮演「家長」角色也無妨。立法規定扣安全帶比什麼細水長流的健康教育都更有效率，而在公共衛生的倫理學，「效率原則」（efficiency principle）和「合乎比例原則」（proportionality principle）都是重要的。

這兩個原則放在另一個與醫護人員相關的公共衛生課題，就引發很多熱烈討論。課題是：應否硬性規定前線醫護人員每年接種流感疫苗？每年的甲型流感潮都令大量人口受感染，在高齡長者、年幼兒童和免疫力不足的病人，甲型流感的併發症可以很嚴重甚至致命。為病人著想，期望醫護人員接種流感疫苗（這對自己也是保護，但主要是為病人），並不過分，醫護人員的自願接種率不高卻是中外皆然。有些醫護人員視流感為小病，因為嚴重個案多見於幼童和老年；有些對流感疫苗不常見但是存在的副作用存有戒心，也有些人員從根本上抗拒被強制注射。有些國家的醫療機構會採用軟硬兼施的手段提高醫護人員的接種率，但最好的成績也只有六成左右；香港醫護人員的自願接種率更只有約三成。

澳洲新南威爾斯州規定在某些病房例如腫瘤科的醫護必須接種，但至 2018 年它也是唯一實施強制醫護人員接種流感疫苗的澳洲州分。是否把條例擴闊至其他州分，仍在討論。在英國，這也是常在辯論的題目，正反立場各有可信的理據。

這個問題有一個倫理角度：為病人利益著想而接種流感疫苗，是不是醫護人員的專業責任？如果病人從醫護人員感染流感的危險確實存在，而接種疫苗是有效而安全，那麼醫護人員接種流感疫苗可以視為責任。

從「效率原則」出發，強制接種流感疫苗一定會提高醫護人員的接種率，但若醫護人員對強制手段心存反感，最終還是需要以理服人。依「合乎比例原則」，需要證明這是重要而有效的保護病人手段，而麻煩在於相關的研究數據頗為複雜，對於普通的住院病人，醫護人員的接種率與病人受感染的相關程度有多密切，仍有些不確定性。存疑的醫護人員因而可以爭論，有效率不等如有效益。

95

在 2018 年，香港社會為一項公共衛生政策掀起了一陣子的正反意見交鋒，論題是政府應否立法全面禁止電子煙和新煙草產品在香港銷售。在這次爭論的正反兩方，一方特別側重「效率原則」，另一方重視「合乎比例原則」。

事緣電子煙和加熱煙等新煙草產品近年開始在香港流行，政府在 2015 年曾經諮詢各界，提出立法全面禁售這些新興煙草產品。到了 2018 年中，政府表示準備容許電子煙、加熱煙等產品合法出售，予以規管，而非全面禁售。

多個醫學組織群起反對。罕有地，香港醫學專科學院、兩間大學醫學院，和香港醫學會聯席會見新聞界，敦促政府全面禁止電子煙及新煙草產品，最大的理由是保護下一代。一刀切全面禁售是最有力

和有效率的措施。

新煙草產品包括電子煙和加熱煙，煙商說，新研製的加熱煙可以把吸煙對健康的危害減少九成，但公共衛生學者認為禍害仍然不淺，所謂危害減少九成的證據，停留在實驗室測量研究，並未詳細研究人類吸入後對身體的影響。再者，有部分研究是由煙商贊助或委託進行，結論可能有偏差。而且，新煙草產品還有不少傳統香煙沒有的化學物質，真正的危害難以盡知。

反對禁絕新煙草產品的人士極力爭辯，指醫學界擔心電子煙和加熱煙會令更多青少年成為煙民，亦未必有充分證據；即使有證據，他們認為針對新煙草產品的政策理應與傳統香煙同等看待（即是只禁止售給未成年人士而不是完全禁絕）。

煙商更聲稱，研發低危害的新煙草產品，是為了協助人們戒掉健康危害較大的傳統香煙。醫學界代表卻認為，一成危害與十成危害都是危害，所謂有助人們戒掉傳統香煙的聲稱根本沒有多大證據。他們批評，若容許新煙草產品進入市場，對大眾是發出絕對錯誤的訊息。

依我觀察，政府原本想選取「合乎比例原則」，讓新煙草產品也在有法可依的管束之下銷售，這也與現有政策有更大的一致性。

96

香港醫學會會徽上面有四字箴言：「維護民康」，表示醫生專業必定以照顧病人、維護市民健康為念；政府推行公共衛生政策，出發點一定也是保障市民，促進人口健康。可是，在「管」還是「禁」電

子煙等新煙草產品的問題上，政府一度有些尷尬地站在與醫學組織對立的位置。最終政府再調整政策，向「禁電子煙」的一方從善如流了。

在上面第 94 節我們見到，在扣安全帶的問題上，市民不大介意讓政府扮演家長角色。醫學倫理有「家長主義」（paternalism）的概念：醫生的角色、政府的角色，是否要像家長保護孩子那樣無微不至？在民主社會和西方自由主義的脈絡，「家長主義」一詞含有貶義，政府做家長常常不受歡迎。

在禁電子煙的爭論中，各大醫學組織都以維護民康為使命，「禁」比「管」有著更強烈的家長色彩。這一回，公眾似乎亦不介意讓政府扮演家長角色。

在醫學倫理，「家長主義」怎樣才不致過分，是嚴肅的題目。醫生應該做「家長」指導病人選擇治療方案？抑或只是從旁輔導，提供有用資訊和客觀的利弊分析，由得病人自決？衛生當局向市民推廣健康生活，又可否用愛民如子的方式？2016 年 2 月，美國疾病控制與預防中心（Centers for Disease Control and Prevention，CDC）發佈了一道公眾健康教育公告，就碰了大釘子。

這是一則圖文並茂的宣傳公告，主要訊息是奉勸酒精可損害胎兒，附帶訊息是酒能亂性，如果不慎懷孕而不察覺，繼續在懷孕初期飲酒，更有可能引致危險的胎兒酒精綜合症（foetal alcohol syndrome）。

大量酒精的確會對胎兒成長造成損害，令胎兒體重過輕，也可能破壞胎兒的神經及腦部發展。至於一般社交喝酒是否也會導致胎兒酒精綜合症，證據卻不是那麼分明。尤其不清楚的是，在懷孕早期喝少量酒是否也構成危險。

CDC 的公告選取「寧枉毋縱」的立場作出建議。它告誡所有適齡生育的婦女，無論已懷孕或有沒有打算懷孕，都不應飲酒。它進一步建議，婦女如果飲酒，應該要有恰當避孕措施！它的邏輯是，美國近半數的懷孕都不是有計劃的，很多婦女要到懷孕四至六周才發覺已經懷孕。不怕一萬，只怕萬一，於是就有這個「婦女每逢飲酒也要避孕」的溫馨提示！

97

　　這招惹極大反彈。即使不是女權主義者，一般女性也受不了這種家長式訓諭，認為這建議是侮辱、刻薄而且完全脫離實際。在劣評之下，CDC 有點狼狽地承認表達得不好，澄清公告的目的只是解釋飲酒的風險；本意並不是如批評者的理解那樣，要指導女性的性生活，或是要她們把整個生活也圍繞著一個假想的嬰兒來作安排。

　　CDC 的出發點也是維護民康，就是一時忘記了人們有多麼不歡迎家長式的管治。

　　關於孕婦喝酒的權利，在紐約市還有認真十足的餘波。在美國全國，任何提供酒精飲料的餐廳、酒吧等場所，向來都要貼出針對懷孕飲酒風險的警示，但是酒吧和餐廳可否拒絕賣酒給看來懷孕的女性？並不十分清楚。在 CDC 發出那道有點狼狽的公告的三個月之後，紐約市人權委員會特別發出新指引：任何商店針對懷孕女性而拒絕提供酒精飲料，或魚生食品等，都屬侵犯人權的行為，而且屬於一種「性別歧視」。同樣地，酒吧和飯店的服務員不可拒絕為孕婦服務，守門口的人員也不能拒絕孕婦入場，因為女性懷孕時想吃什麼、

去什麼地方，都是她的個人自由。

另一方面，美國有 18 個州分的法例把婦女懷孕期間酗酒，視作等同虐待兒童的罪行，有些州分的警員更有權力拘捕醉酒的孕婦提出起訴。這符合 CDC 的健康指引的精神，以保護胎兒優先；但在重視平權的紐約，人權委員會的指引與此背道而馳，完全是婦女自主權優先。可見「婦女自主優先」與「保護胎兒優先」的矛盾，不是唯獨在墮胎問題上才會交鋒。

倫理爭議出現分歧是常態。放任與管束，幾時才是過猶不及？如果在不同地方各有完全不同的規定，那麼所謂普遍有效的合理原則是否有如海市蜃樓，有如幻想空談？

參考資料

節

91　〈密爾的《論自由》〉，愛上西政思；http:// http://wpt2011.blogspot.
com/2011/12/blog-post.html

黃克武，〈嚴復對約翰彌爾自由思想的認識——以嚴譯《群己權界論》（On
Liberty）為中心之分析〉，中央研究院《近代史研究所集刊》第 24 期上冊，
1995 年 6 月；http://tao.wordpedia.com/show_pdf.ashx?sess=n2hmxgmhpd5ljkm
yhmgjb155&file_name=JO00000930_24-1_81-148&file_type=q

92　馬靄媛，《愛是不能埋——謝婉雯》，迎欣出版社，2004。

93　P. A. Singer et al. "Ethics and SARS: Lessons From Toronto", *BMJ*, 2003, 327;1342-
1344. doi:10.1136/bmj.327.7427.1342; http://www.jcb.utoronto.ca/people/
publications/bmj2003(sars).pdf

94　C. R. Macintyre, H. Seale. "Here's Why Flu Vaccinations Should be Mandatory for
Aussie Health Workers in High-risk Areas", Newsroom, 11 May 2018; https://
newsroom.unsw.edu.au/news/health/here%E2%80%99s-why-flu-vaccinations-
should-be-mandatory-aussie-health-workers-high-risk-areas

R. Chean, J. K. Ferguson. "Mandatory Seasonal Influenza Vaccination of Health
Care Workers: A Way Forward to Improving Influenza Vaccination Rates",
Healthcare infection, Volume 19, Issue 2, June 2014, pp 42-44; https://doi.
org/10.1071/HI13041

"Head To Head: Should Influenza Vaccination be Mandatory for Healthcare
Workers?", *BMJ*, 2013; 347. doi: https://doi.org/10.1136/bmj.f6705

95　"Electronic Cigarettes as a Harm Reduction Strategy for Tobacco Control: A Step
Forward or a Repeat of Past Mistakes?", *J Public Health Policy*, February 2011,
32(1):16-31. doi: 10.1057/jphp.2010.41. Epub 2010 Dec 9.

〈港府倡修例電子煙銷售合法化〉，TOPick，香港經濟日報，2018 年 6 月 12
日；https://topick.hket.com/article/2093530/ 港府倡修例 %E3%80%80 電子煙銷
售合法化

〈【電子煙】林鄭指危害較少　港大學者促勿與「謀財害命企業」同行〉，
HK01，2018 年 7 月 12 日；https://www.hk01.com/ 社會新聞 /210071/ 電子煙 -
林鄭指危害較少 - 港大學者促勿與 - 謀財害命企業 - 同行

Arthur Lo. "Proposed E-cigarette Ban 'Unscientific and Unethical', expert says",
HK Free Press, 7 July 2015; https://www.hongkongfp.com/2015/07/07/proposed-e-

cigarette-ban-unscientific-and-unethical-expert-says/

96 "Women Blast CDC's Advice To Use Birth Control If Drinking Alcohol" ,
National Public Radio, 4 February 2016; https://www.npr.org/sections/health-
shots/2016/02/04/465607147/women-blast-cdcs-advice-to-use-birth-control-if-
drinking-alcohol

97 "Women Blast CDC's Advice To Use Birth Control If Drinking Alcohol" ,
National Public Radio, 4 February 2016; https://www.npr.org/sections/health-
shots/2016/02/04/465607147/women-blast-cdcs-advice-to-use-birth-control-if-
drinking-alcohol

"Bartenders Banned from Denying Pregnant Women Alcohol in NYC" ,
USA Today, 10 May 2016; https://www.usatoday.com/story/news/nation-
now/2016/05/10/bartenders-must-serve-pregnant-women-alcohol-bars-new-york-
city/84182372/

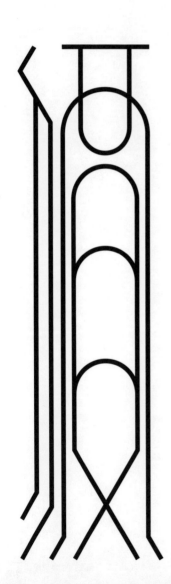

第八章

價值觀、存異

在前面七章，我談了很多關於生命倫理的故事。讀者對其中一些題目必定有自己的看法，例如婦女是否有權利自主墮胎，例如應否容許複製胚胎作為實驗研究的材料，例如尊重病人自主是否應延伸到協助病人自殺，例如政府應否做人民的「家長」，無微不至地管束他們的健康行為？

有兩條主線貫串著這些和其他的生命倫理課題。一條是關乎如何看待生命，另一條是關乎尊重自主和其他的重要倫理原則，例如公平、行善、不傷害、合乎比例等等。倫理的天秤常常在衡量複雜問題當中的各種原則和價值。

98

　　我們可以問，真的有一道天秤，可以衡量這許多複雜的原則和價值嗎？前一章我們已經見到，就算是在電子煙應該「管」還是「禁」這樣一個比較簡單的公共衛生決定，也有截然不同的權衡方式，最終政府的決定也不純粹是出於對倫理原則的考慮，或者更多是看研究資料，做政治判斷。

　　有人認為現今世界已經進入「後現代」。現實中，人們的價值觀完全分歧，各自捍衛族群或團體的利益。這是一個多元而日益分裂為小眾的世界，互聯網並沒有促進更多對話，而是增加了無數碎片群組。理解其他人（或群體）的價值觀本來就不容易，如今各有各的語言，說各自的話，也是常態。你會懷疑，生命倫理學充其量似乎只是豐富了辯論，能夠有助於尋找共同的規範或原則嗎？

　　怎樣回應這個疑問？在倫理學這不是新的問題。對與不對、好或不好，是否完全視乎文化觀點、個人信念和當代的價值觀？說「普世價值」，它真的「普世」嗎？

　　哲學家對這個問題的分析有些很深刻但也深奧，我比較喜歡的平易近人的說法，來自《解釋給每個人聽的倫理學》書中「無界領域」一章。我在第三章開頭和第 65 節已經引述過這本書。

　　作者承認倫理學的規則可以是五花八門，根據時代、文明、社會群體、信仰的不同，許多規則也隨之變化。在某個地方，某段時間，被評定為「好」的，到了另一個時間和另一個空間卻可能受到譴

責。舉例：在天寒地凍的夜晚，把年邁的祖父母帶到荒郊野外，拋棄他們，在我們眼中是十足的犯罪行為。但在傳統的因紐特人（Inuit，生活在北極圈的北美洲土著族群）社會中，這反而是一種悲憫德行，因停止餵養無用人口可以讓整個族群得以續存。最被反對的習俗曾經都被視為合情合理。即使在現今世界，換個國家，同樣的行為就有了不同的評價。

但他接著說，如果一切規範和規則只是隨人們生活的時空而定，那麼我們豈不是應該放棄尋求倫理學的真諦？只要打聽當地的風俗就行了，反正那些習俗也沒有好壞之分？

也可以進一步質疑，即使是一些基本的觀念如尊嚴、尊重個人自主，似乎仍是受到社會文化形態的深深影響，未必所有社會都要以這種形態存在？

作者相信，我們始終要找尋一些最大公約數，例如尊重人性尊嚴，不侮辱他人或對他人施以暴力。退一步說，倫理首先是顧及他人——他人的存在，他們和我之間的關係；這便是各種倫理學中最普遍的出發點。假如我，或是你，是世界上絕對唯一的人，那就等於再也沒有倫理的問題。共同接受的倫理原則，就是讓眾人能夠一起生活得更好。既然顧及他人，那麼倫理，首先是我們對於他人的存在、渴望、尊嚴和自由所產生的關注和顧慮。

這是不是等同「愛人如己」？他說，不完全是。這句基督教箴言設想的是崇高的情懷，要能夠像愛自己那樣去愛所有的人，這是很高很嚴苛的要求。倫理學的目標比較謙遜和近人：「己所不欲，勿施於人」。

作者是法國哲學家，深思熟慮的結晶「己所不欲，勿施於人」卻

是與孔子的智慧不謀而合。孔子思想的中心是「仁」，後人對「仁」字的注釋是「雙人偶」，「仁」是「二人」，人倫是人與人之間的倫理關係，這一點也是這個法國哲學家的原點。

99

你會想，這樣把儒家思想駁接到一個當代西方哲學家的見解，是否來得太輕易了？生命倫理學強調尊重個人自主，哲學源頭是自由主義（見第六章），而在中國文化和儒家思想，對社會群體與人倫的關注常常遠大於孤立的個體。在西方，「個人主義」（individualism）是正面的：尊重個人尊嚴、實踐個人潛能、獨立自主，都是正面的價值；在中國文化，「個人主義」卻含有貶義，甚至被誤以為等同自我中心、自私自利、不合群。

自由主義和儒家思想之間是有重要的差別，不過我對儒家和其他中國哲學的閱讀，著眼於它活潑有生命力、可以開放地與世界和時代對話的智慧道理。例如《論語・述而第七》，孔子曰：「仁遠乎哉？我欲仁，斯仁至矣。」個人具有選擇為仁的自主能力，就可以選擇達到仁的境界。這並不是西方的「個人主義」，但強調個人是道德的主體。

從 20 多歲留學時期，我就常在思考中國文化和中國走向世界的問題。最初是因為人在異鄉，真切意識到在文化上和價值觀上自己是「異鄉人」。那時期閱讀唐君毅《中國文化之精神價值》和梁漱溟的《東西文化及其哲學》，是我思考的起點。兩位都有概論中西文化的不同，唐君毅講文化精神，梁漱溟比較中國、印度及西方文化的性

格。這對我是有吸引力的，譬如梁漱溟說西方文化代表了人類文化向前奮鬥、探索與征服自然的路向；印度文化代表了人類文化的掙脫慾望、「意欲反身向後」的路向；而中國文化是調和與持中。唐君毅講中國文化精神，人與天地相親，融和而不對立。他說中國文化一元，但是以多個源頭的方式發展；梁漱溟說中國文化早熟，但剛健而自強不息，並非不可吸納其他文化之長，應該吸納西方文化的長處，不要走印度文化的道路。

然而很快我就對梁漱溟的籠統的比較方法產生懷疑。「西方」並不是只有一種文化，就是美國作為一個國家，州與州之間的差別也十分大。在生命倫理課題，保守的州分和自由的州分對墮胎、胚胎、安樂死的看法有天淵之別；在大學校園，有不少同學是猶太人，他們的家庭關係看來很像中國的家庭。

現今中國社會是否仍以儒家為本，也是我的疑問。中國社會經過來自前蘇聯的集體主義的改造、經過「破四舊」時代、開放之後的狂熱市場經濟，「一孩政策」改變了家庭結構甚至父母與子女的關係，現在我們還向西方朋友說中國文化是儒家為本，會否有些自欺欺人？

至今我依然覺得中國文化有很珍貴可取的思想，例如，孔子對弟子說，博施濟眾還不能算是「仁（政）」，「己欲立而立人，己欲達而達人」（《論語‧雍也》），自己立志之外，推己及人，助他人通達正道，這可以成為有普世性的倫理價值。

100

中國傳統文化面對時代和世界，如何保持活潑的開放性是很大

的挑戰。「去蕪存菁」已經是濫調，更不宜借傳統之名，很方便地告訴世界說，我們的文化就是這樣的；僵固的傳統思想不一定是良好的價值觀。

在寫這一章的時候，我讀到一篇論文，推敲中國傳統儒家思想會怎樣看人工體外受孕。作者認為，傳統中國人的著眼點是繼承祖先的「香火」，對於生殖過程是否在體外成孕，不會有原則性的反對。如果精子和卵子都來自求子的夫婦，體外受孕所生的孩子是符合中國傳統血統論；但是傳統儒家思想中的家庭是以男性為家長，因此，儒家思想認同體外受孕也是有條件的：若是精子來自丈夫，卵子由人捐贈，孩子可以視作有血緣；相反，如果卵子來自母親，但精子是外人捐贈，這就不等同親生孩子。

我相信這樣的分析只是符合儒家之中最保守的立場，並不是孔子的「仁」的思想。傳承「香火」的男性原則若是這樣狹隘，衍生的道德立場會很奇怪：其一是，妻子接受捐贈精子受孕的話，是否有如「不貞」？這樣生下的孩子不算有血緣，是否只是等同收養？其二是，用 IVF 可以方便選擇胎兒性別，男嬰能傳承「香火」是好事，那麼根據中國傳統血統論，我們理應讓選擇胎兒性別合法化？

對於怎樣看待 IVF 的剩餘胚胎，作者的分析也令我有些懷疑。文章認為，按照傳統儒家思想，我們應該反對把剩餘胚胎轉贈他人用作生育，因為那是違反了上述的血緣原則；剩餘胚胎（例如複製幹細胞）用來拯救患病家庭成員的生命可以視為符合道德；而對丟棄胚胎或任其自生自滅，只要不轉贈他人用作生育，都是可以接受！

在我看來，幹細胞治療疾病的潛力關乎普遍病人，限定在「胚胎和既有的家庭成員或者家庭的整體利益的衝突」作分析，與真實問題

不對應。

　　傳統儒家思想是否一定反對轉贈胚胎，以玉成其他夫婦的心願？儒家道德是寧可丟棄胚胎也不幫助他人？固然血緣觀念客觀上是存在，但傳統中國社會從來都接受養子，有養子總好過膝下沒有孩兒，把自己的孩子「過繼」給親人也不罕見，那麼為何絕不可以轉贈胚胎？

　　更重要的或者是，「上天有好生之德」是傳統中國文化精神，那麼「上天有好生之德」更可貴，還是為了固守血統論而丟棄胚胎更有道德？

　　生命倫理討論不能停留在「儒家思想會這樣看」的描述。而且，傳統儒家思想是否可以狹隘地理解為血統至上的「家庭主義」（familism），真是大可商榷。我認知的儒家思想是以「不忍人之心」為價值根本，以男性主導的傳統禮教應該屬於「末節」，狹隘的父權至上思想來到在現代尤其難以辯護。

101

　　儒家思想與西方哲學不同，但同時也有可以相通的地方。2017年，港、台和中國內地十位倫理學者教授組織了一次「十人筆談」，主題是「建構中國生命倫理學」，熱烈辯論的焦點落在如何理解儒家思想。范瑞平教授認為儒家思想近乎亞里斯多德的「美德論」（virtue theory），李瑞全教授卻認為這不是確切的理解，認為儒家思想是一種「義務論」（deontology），與康德相通。范、李兩位都是我認識的朋友，因此我讀來特別投入。讀到正題，我也有一些想法。

「建構中國生命倫理學」這個討論題的意思有些含糊，可以是「如何」建構中國生命倫理學，或是問「可否」建構中國生命倫理學，也可以問「應否」建構中國生命倫理學。建構中國生命倫理學的動機看來有兩個：一是不滿西方的生命倫理學以自由主義哲學為本，認為 Beauchamp 與 Childress 提出的「四原則」（見第 33 節及第六章）是有其欠缺之處，提出建構中國生命倫理學可以為世界的生命倫理學作貢獻；二是主張中國人的社會應該以中國文化為本，建構中國生命倫理學是為了文化自尊，別樹一幟。

　　參與者李建會教授提出：

　　　　所謂的四原則，就是因為人們不能找到一個普遍有效的所有人都接受的理論而採取的權宜之計。這實際上是擱置爭議，從理論走上應用。西方流行的各種理論，從功利主義到契約論，從義務論到德性論，沒有一種理論在具體的實踐中不產生這樣那樣的問題。實際上，當我們說存在普遍的生命倫理學的時候，我們指的是其研究的問題是相同的，都是生命科技所引發的應不應該使用這種科技或應當如何使用這種科技的問題。至於生命倫理的哪個原則或理論是不是普遍有效的，則很難說。也許有最低程度的共識理論，但很難有較大程度的共識理論。這也就是著名生命倫理學家恩格爾哈特（Engelhardt）所努力告訴我們的。一方面，恩格爾哈特試圖建立一種有最小程度普遍性的一般的生命倫理學的原則；另一方面，他又潛心於基督教生命倫理學研究。同

樣的思路，我們也可以建構基於中國傳統文化的生命倫理學，甚至建構佔中國傳統文化主流的儒家的生命倫理學。

中國的生命倫理學者接受 Engelhardt，可能有兩方面的原因：一是 Beauchamp 和 Childress 立足於西方的自由主義，Engelhardt 則並不崇尚自由主義。無論在重視集體的中國內地抑或是承繼儒家文化的台灣，對強調個人的自由主義都有一些本然的抗拒。其次是 Engelhardt 的「容許原則」可以為堅持本身文化性格的國家和群體提供合理性，甚至一種策略，讓固有的價值觀立足於世界。中西文化對照，平起平坐，能建立自信自尊。

中國哲學包括儒學，應該對真實生命倫理問題有啟發和作貢獻。在具體課題上用功，令人信服時，當然可以立足於世界，那是間接的結果，不是目的。建立自信自尊更不是很好的目的。

102

我對「建構中國生命倫理學」的意義有些懷疑，但生命倫理學受文化和其他因素影響也是事實。李瑞全在 2007 年回顧西方生命倫理學的主流和亞洲的發展情況，指出在亞洲尤其是受儒家文化影響的地區，隨著經濟與社會發展，也引進西方國家的生命倫理爭議。例如在訂立政策和立法時以儒家的思想作為原則，或以家庭為核心的生命倫理觀點，就與西方強調自由個人主義有別。

李建會在「十人筆談」推崇 Engelhardt，李瑞全在 2007 年的文章也認為 Engelhardt 的生命倫理學可以提供有意義的出發點。按

Engelhardt 的思路，世俗化的社會裡面有各樣的社群，各不相屬，也沒有共同的實質道德規則（substantial moral rule）可以信守，他們無法成為「道德上的朋友」（moral friends），反而似「道德異鄉人」（moral strangers，我理解為「道德上的陌路人」）。

道德規則在實質上無法統一，只能退而求其次，容許各種道德規則共存，Engelhardt 稱這為「容許原則」（principle of permissiveness）。

Engelhardt 認為「容許原則」並不依仗任何特殊的倫理價值或思想，可以說是「無內容的」（content-less）。它是一種形式性的共識，人人都可以接受而且也必須接受。因為如果連這也不能遵守，就會淪落到只能用暴力來解決爭議，這不是現代社會所希望見到的。

這不是變成毫無道德要求，完全是相對主義嗎？在 Engelhardt 的理論，「容許原則」是有前提的。在容許在共存的社會，個人參與者要具有最低限的道德意識（minimal moral sense），能知道德的責任，會反省自己是否要接受或拒絕有關的原則，而且可以自由選擇是否參與。

103

Engelhardt 在 2018 年 6 月 21 日去世。8 月動筆寫這一章的初稿時，我才注意到他的死訊。我的職業生涯在醫療而不在哲學，認識的生命倫理學家不多，但與 Engelhardt 有幾回同場研討和聚餐的記憶。有幾年他多次來港，接待的主人家是香港城市大學陶黎寶華教授或范瑞平教授，後者曾是他的學生。2009 年一次聚會之後我在報章專欄

素描：

　　最近在一次醫學倫理研討會上與 Prof. Engelhardt 同台。他主講，我是「副講者」。他是醫生、哲學家、醫學史家，母語是德文，能用拉丁語演講。他來自德克薩斯州，常開玩笑說自己不是美國人，「德克薩斯州」根本是自成一國，有特製的 Texas passport。他年近七十，尚在全職教研工作。

　　他聲若洪鐘，演講不按成規，更不屑用 powerpoint。我說，但你也難免用 email 吧？他笑說常記不住自己的電郵地址，最好還是書信往來。「而且，大多數用 email 的人根本不識寫 email。」他說，用紙張不只是為溝通，像手撫著一本書，那種質感本身就是美學的經驗！一臉陶醉的樣子。

　　他是越有人抬槓腦子就轉得越快的那種人，我當然不可能在他那個學問層次辯論，但在我自己比較思考得多的醫學倫理範圍內，還是可以逗逗他的興致。

　　我告訴他，香港抗疫的觀點跟你們美國大相逕庭；我們看來，美國太掉以輕心了，不負責啊！（按：當時世界為新型人類豬流感病毒大為緊張，香港尤甚，但美國防疫卻甚寬鬆。）他卻不加爭辯，笑說，我有九個孫兒，家族三十多人，有六個確診 H1N1。家庭醫生安慰孩子，「別擔心，回家吃藥，多休息，幾天就好了。」這不是很好嗎？

他是一個親切的生命倫理學家，以上的素描是對他的小小的敬意。他總說在世俗中，人人也是道德異鄉人，再沒有共同信念，但他自己是一個有深厚宗教信仰的人，晚年的哲學著作轉向基督教倫理的根源問題。

Engelhardt 從小在羅馬天主教學校的氛圍成長，年近 50 才成為東正教徒。47 歲時，他應邀往西柏林一所學院當研究員一年。這時期，他覺得自己在事業上滿成功的，但不知何故，心底裡覺得無所依歸，「好像所做的是錯誤的，幾乎像一個妓女。」他禱告說，我的上帝，如果有一個真正的宗教，告訴我，我就會信。然後，他與他的家人在柏林，為了在聖誕節避寒，安排去了土耳其伊斯坦堡旅行演講，並在當地參加了希臘東正教會彌撒，在那裡，他和他的妻子都感動了，最終與他們的兩個女兒都皈依東正教。

104

我在第一章第 12 節提到另一個人物——在 1969 年創立民間生命倫理學中心 Hastings Center 的 Daniel Callahan，可以與 Engelhardt 對比。他的理念，也是創立 Hastings 的意義，與 Engelhardt 所講的「道德異鄉人」恰恰相反：正正因為世俗化的現代社會再沒有統一的道德權威，價值觀常有嚴重分歧，而醫學進步與科技突破帶來的新問題與人類的共同未來攸關，因此才更需要設法交流對話，尋求合理的倫理價值。這事關重大，因為僵持不下並非人類之福。

李瑞全〈生命倫理學的回顧與發展〉一文中也介紹了 Callahan 對生命倫理學發展的看法。Callahan 與 Engelhardt 有點相似的是，

兩人都不滿意西方在個人自由主義背景底下發展的生命倫理學。Engelhardt否定那些從個人主義出發的倫理學原則可以成為普遍的規範；Callahan則是不滿當今生命倫理學往往傾向以「程式公義」（procedural justice）方式處理分歧，缺乏實質的討論。

Engelhardt主張世人應接受「道德異鄉人」的分歧現實，但也在意如何解決分歧帶來的紛爭。在《生命倫理學基礎》中文版序中，他自言：「面對俗世道德理性的這種無能，本書所提供的不過是一種無為的策略，一種能夠約束道德異鄉人的最小的道德。」這最小的道德卻也正正是欠缺實質內容的，同樣是以形式來處理生命倫理學的困境。

在美國情境，Callahan擔憂生命倫理學正飽受政治意識形態之播弄，成為各方取得自己所需的工具、各種意識形態的奴婢。他認為生命倫理學要根本地自問，有什麼有價值的東西可以留傳於後代。倫理爭議需要有具體解決紛爭的智慧和視角，生命倫理學要對人類未來有真實貢獻，就必須回到有實質內涵的倫理學討論，不能停留在空洞的形式內，也不是為建設學科而建設。

我閱讀Callahan和Engelhardt，聯想起中國傳統的儒家和道家：Callahan像儒家為天下而憂，要先於天下探索倫理問題；Engelhardt的「容許原則」像莊子的「魚相忘於江湖」，容許自在珍惜自由。儒家是不應該滿足於「容許原則」的，淑世才能救人，而淑世是改善世界。因此，我不贊同借Engelhardt的「容許原則」作為立足點，來支撐中國做世界上的一個「道德異鄉人」。如果我們有真自信，就應該做現代的生命倫理學的一個諍友，也接受人家做我們的諍友。

節

98 Roger-Pol Droit 著、陳太乙譯,《解釋給每個人聽的倫理學》,聯合文學出版社,44-51 頁。

100 孔祥金、趙明傑,〈輔助生殖技術應用的儒家倫理解讀〉,《中外醫學哲學》,Vol 9 (1):23-37;http://repository.hkbu.edu.hk/cgi/viewcontent.cgi?article=1125&context=ijccpm

101 范瑞平、倪培民、叢亞麗、李瑞全、張穎、王明旭、王珏、陳強立、李建會、蔡昱,「建構中國生命倫理學」十人筆談,《中國醫學倫理學》,第 30 卷第 1 期,2017 年 01 月,15-24 頁。

102 李瑞全,〈生命倫理學的回顧與發展〉,《應用倫理研究通訊》,第 41 期,2007 年 2 月,11-19 頁;http://in.ncu.edu.tw/phi/NRAE/newsletter/no41/04.pdf

103 區聞海,〈哲學家不怕病毒〉,《明報》,2009 年 8 月 4 日。

   區結成,〈道德異鄉裡的生命倫理〉,《信報》,2017 年 9 月 24 日。

104 李瑞全,〈生命倫理學的回顧與發展〉,《應用倫理研究通訊》,第 41 期,2007 年 2 月,11-19 頁;http://in.ncu.edu.tw/phi/NRAE/newsletter/no41/04.pdf

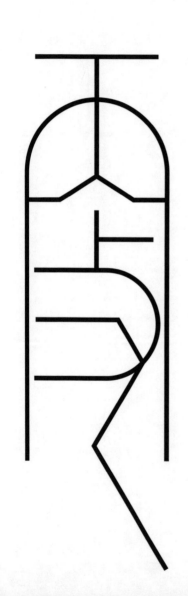

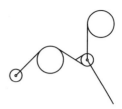

第 九 章
———

更強的生物科技

寫到這一章我有些臨陣的警惕——任何關於未來生物醫學和生命倫理的書寫都有可能飛快地變得過時，而且是從兩個極端出毛病：一是預測生物醫學科技行將出現的突破，到頭來卻是熱昏頭的誇大其詞；二是誤鳴警號，把尖端醫學科技對傳統倫理和社會秩序的衝擊誇大，危言聳聽，回頭看就像大喊「狼來了」。

因為這點警惕，我回頭檢索了一下前面八章，看看有沒有過早的預測和預警。

　　前面一些章節談及醫學科技，有些是回顧過去科技如何影響生命，製造新的倫理難題：

　　1. 從五、六十年代開始，嶄新的生物醫學、生命科學的突破真是層出不窮。人的怎樣出生、怎樣病、怎樣死，都在不斷被科學與新科技重塑。舉例說，從前你的至親臥病住進醫院，你就不會面對像今天這麼多而複雜的抉擇。（見第 3 節）

　　2. 生命科學特別是分子生物學以及醫學方面的突破，從二十世紀到二十一世紀高速前進，新事物令人目不暇給，傳統道德訓示似乎無力提供指路明燈。（見第 13 節）

　　3. 「死馬當作活馬醫」，在缺乏醫療的時代，這句話是懇求醫生別要放棄；但當醫學科技不斷突破，這句話有了完全不同的另一重意味。科技是可以續命於一時，但若是病人急救回來後要面對連最基本的生活質素也沒有的人生，又或者只是延長步向死亡過程中的痛苦，那麼「死馬當作活馬醫」還是不是良好的倫理選項？（見第 32 節）

　　只有在這一處，有點像在預見未來：

　　4. 生物科技飛躍得很快，不容易預測未來會躍過怎樣的倫理界線，但在書寫這一章的時候，在 2018 年除夕，可以預見陸續有來的轟動消息（不論是喜是憂），將會在「人類基因編輯」和「克隆複製」兩個範圍內出現。（見第 60 節）

　　除了「人類基因編輯」和「克隆複製」，以下我多選正在出現突

破的兩個生物科技研究範圍談談：「人工智能」（artificial intelligence，AI）和再生醫學（regenerative medicine）。

106

傳統上，人工智能的研究並不算是生物科技，插在這兒談論 AI 將要引發的生命倫理爭議，似乎奇怪，但生命倫理學關心嶄新科技對人類社會的影響，也是理所當然。

人工智能將會大大改變我們的生活，這已經沒有什麼異議。問題只是，在這正在爆發的科技革命之中，有沒有埋藏了什麼重大的倫理風險或者危機？有些擔憂是關心對未來社會的衝擊：人工智能會否大範圍取代人類的工作，造成失業潮，令社會階層的權力和經濟地位更為貧富懸殊？大數據會否被濫用來侵犯個人的自由？

基因編輯的科技會掀起像「賀建奎事件」（見第 49-59 節）那樣的矚目爭議，但人工智能觸發問題的方式卻是很不同的。在人類基因編輯，儘管人們可以有迥然不同的看法，最少從一開始就能把它的倫理問題看清楚；人工智能潛力巨大，機械人可以自我深度學習（machine learning）、可以自主行動（autonomous robot），這些令人興奮刺激的發展會引來什麼問題，並不容易一下子界定。人工智能會否演進成為超級智慧（superhuman intelligence）？它會不會擁有自我意識，令人與機械人的道德地位的界線變得模糊？半人半機械人的新物種（cyborg）很可能出現或者已經正在誕生？半人半 AI 的「增強版人類」是否未來人種進化的方向？這些問題具現實性嗎？還是我們被科幻小說和科幻電影影響了，胡思亂想而杞人憂天？

不少科技領袖例如微軟的蓋茨（Bill Gates）肯定超級人工智能很快就會出現，有論者卻不能信服，指出超級人工智能的預言是建立在錯誤的假設之上。錯誤的假設包括：

1. 以為人工智能的水平以幾何級數直線上升，已經比人類聰明；

2. 以為人類擁有的通用智慧，人工智能也一定能達到而且會被研發出來；

3. 以為用矽製材料可以做出與人類無異的智慧；

4. 以為智能是一種可以無限擴充的能力；

5. 以為超級人工智能可以解決大部分的人類問題。

這是寫得很結實的一篇文章，打破了一些科幻的想像，但是我看人工智能的倫理問題，焦點並不在於 AI 會否演進為超級智慧。在本書的前言，我從石黑一雄的小說《別讓我走》寫起，就不是因為故事中的科技高超得像科幻，而是因為作者洞悉了一個倫理關鍵：關鍵在於擁有嶄新科技威力的人，他們怎樣把其他人的生命、自主性和尊嚴看作次等和次要，因而近乎無關痛癢地對待他們。

AI 的倫理挑戰也就在這裡。這並不需要水晶球看未來，了解人性就可以開始思考。

107

AI 有倫理問題，正在發生的是軍事應用。

輕易以 AlphaGo 擊敗圍棋世界冠軍的 Deep Mind「機械自我學習」系統，將被美國國防高級研究計劃局（Defense Advanced Research Projects Agency，DARPA）用於開發可以完全在現場自主攻

擊的機器人元件。這個 AI 平台可以感知、控制行動、導航、自行作出戰術決策和攻擊決定。類似的部分智慧結合起來，已於無人駕駛汽車上作了示範。用於軍事，則可以支援城市搜救和直接進行摧毀目標的任務。

這是目前研究 AI 的倫理問題的一個主要焦點。殺人的決定可以完全委託給沒有道德意識的人工智能嗎？誰要為濫殺錯殺問責？抑或可以先作前設：交戰與對付恐怖分子，不讓這些問題拖著後腿，因為對方不是與你和我同等的人類？

另一個範圍是使用人工智能和大數據監控人口和人群活動。早至 1949 年，作家 George Orwell 在其小說《1984》預見的大政府全天候監控小市民的世界，到了二十一世紀還是有相當的吸引力。也不必說得太遠，在「大數據」世界，使用 AI 監控和追蹤、影響普通人及其日常生活行為，為大企業製造利潤，同樣透著「非人化」。無論在政治世界或商業市場，大數據背後的人工智能的力量，與個人自主的能力相比，極為懸殊。當操控無孔不入，人的自主性和尊嚴都受到威脅。

還有一個層面的倫理憂慮在於不公平。一個忙碌生活的普通人面對掌控大數據的機構固然微小得很；社會中的弱勢群體面對精通大數據遊戲的權力擁有者，對關乎自己命運的重大決策，亦難以置喙。即使不致任人魚肉，大概也只能任人操控？

以上種種疑慮都不需要太多科幻想像，但有些想像正在發展成真，例如電影《亞凡達》（*Avatar*）的虛擬假身構思，正在用於精神科病人的輔導試驗。精神科病人有幻聽，醫療人員就順著幻聽中的人物製作虛擬假身，來與病人溝通進行輔導。進一步，用人工智能配置

精良的演算法（algorithm）也可以用於治療。也有人研究人工智能的伴侶，試用於腦退化的長者。在醫學上應用人工智能，引發的疑慮或者較輕，但是一切發展尚在初階，當有一天人工智能會取代醫生和護士的相當部分的角色，專業人員與病人的關係也會改變。會怎樣改變？這需要水晶球預見未來，就不勉強寫下去了。

108

接著再看「克隆複製」。前面第 63 節敍述了，在千禧年後，全球各國和聯合國曾為管制人類克隆而大費周章。然而人類克隆並沒有真的出現。

MIT Technology Review 編輯 Antonio Regalado 追蹤報道複製生物的發展已有 15 年，回頭看，當年對「複製人」的許多甚囂塵上的預測並沒有發生。複製羊 Dolly 在 1996 年出世，之後各種動物克隆研究大熱，但複製 Dolly 的 SNCT 技術（見第 60 節）是十分低效率的，在許多動物，要克隆 100 個胚胎才有一個能最終在子宮存活和誕生。有些胚胎會在實驗室的授精盤就了結，有些在子宮裡枯萎。克隆獼猴「中中」、「華華」在中國誕生是動物克隆的一個里程碑，但仍是低效率：要複製 149 個胚胎才最終令四隻母猴懷孕，得到兩隻活猴。低效率令「複製人」難有吸引力：誰會試幾十次人工受孕來博得「複製」一個自己（或自己心愛的人）？難道聘用 100 個「代母」來進行試驗？

對「複製人」的許多想像看來也屬於「狼來了」，但 Regalado 近來採訪波士頓兒童醫院的幹細胞生物學家之後，又不大肯定了。克隆技術之所以低效率，是因為細胞一經分化為某種細胞（例如皮膚

細胞），就會自動阻斷了向其他方向分化的基因。SNCT 技術能通過一個叫做重新程式化（re-programming）的過程來恢復基因的作用，可算驚人，但是重新程式化也不足以很有效率地把細胞還原到那麼靈活的起點。新近的突破是：研究員發現了一些化學物質，當添加到卵子，可以重新釋放那些被阻斷的基因。試用於老鼠，現在有 10% 的克隆胚胎可以活產，而不是克隆 100 個胚胎才有一個新生命誕生。

生物科技就是會這樣不斷地克服難關，再過十年，「複製人」的技術難題有沒有可能完全解決？一旦解決，複製人會否出現就不再只是一個水晶球問題。

無論複製一個自己，或自己心愛的人，本來都是「鏡花水月」。即使一樣的基因，在不同的後天環境成長也會成為很不同的另一個體。人未必會真的有一天動手複製自己，道德上的反對力量很大，但聰明的經濟市場總會利用人性尋找道德禁忌的突破口。近年有些國家開始提供複製寵物的服務。韓國一間生物科技研究中心聲稱自 2006 年起，在十年間為客人複製了近 800 隻寵物犬，每次收費十萬美元。一個有名的例子是在紐約「911」恐襲後救出最後一個生還者的英雄搜救犬 Trakr，用牠的細胞複製了五隻同品種的小犬。

複製寵物可以逐漸軟化一般人對「複製人」的直覺抗拒。2018 年，紅星芭芭拉・史翠珊（Barbra Streisand）在一次採訪中細說她克隆早前去世的愛犬的心路歷程，就能讓普通人感動。在感情上，如果人們接受了複製像 Trakr 這樣的英雄犬，延伸一下，是否也會接受複製一個令人愛戴的偉人？

109

科學研究被扯上複製寵物的消費狂熱，與複製人的科幻狂想相提並論，這是認真的生物醫學科學家不會樂意見到的。醫學中利用胚胎幹細胞做研究是一回事，克隆寵物是另一回事。

「再生醫學」可以作為認真的生物醫學研究的例子。這個新興的生物醫學領域前景廣闊，它把組織工程（tissue engineering，例如用 3D 列印技術製作組織、器官支架）和分子生物學（主要是幹細胞）結合起來，目標是替代、新造或再生人體需要的細胞組織或器官，令病人和傷殘者恢復正常功能，甚或增強功能。有評論者相信，未來或者不再需要輪候器官移植手術了。香港在這方面也有苗頭。瑞典卡羅琳醫學院在香港科學園開設「復修醫學中心」（復修醫學是regenerative medicine 的另譯），已開展人造心臟、腦、皮膚等多個項目。中大校長段崇智教授也是組織工程學的專家，研究軟骨組織用於復修關節。

這些前沿研究都要使用幹細胞，但是隨著新技術出現，已經不再是非用胚胎幹細胞不可（即使用胚胎幹細胞也不一定要克隆複製胚胎）。

新技術有時可以減少倫理問題。2006 年，日本科學家山中伸彌發明一種技術，可以將已經完全分化的成年體細胞轉化成為「超多能幹細胞」，幾乎擁有胚胎幹細胞一般多樣潛力。他因這個發明而在2012 年與英國科學家 John B. Gurdon 共同獲頒諾貝爾生理學或醫學獎。

依其功能分類，幹細胞可分為四個能力級數。「專一性幹細胞」（unipotent stem cell）只能產生一種細胞類型，例如皮膚組織基底層

的幹細胞只可以更新皮膚；「多能幹細胞」（multipotent）能增殖也能分化，例如造血幹細胞可以分化為紅血球、各種白血球、血小板；「超多能幹細胞」（pluripotent）是可以分化成全身各種組織的細胞；「全能幹細胞」（totipotent）不單可以分化成全身組織的細胞，更可以分化發育形成完整的生命個體。山中伸彌的技術能誘導成年細胞「回春」至「超多能幹細胞」，稱為 induced pluripotent stem cells，簡稱 iPS 細胞。

110

　　山中伸彌選擇這個研究方向的原因，本身就是個很有意思的故事。他接受《科學人》（Scientific American）雜誌專訪，憶說當初在日本從事胚胎幹細胞研究，處處受到極嚴厲的規範限制，書面申請也須花上長達一年的時間。他本是大阪的整形外科醫生，九十年代中期到美國三藩市從事博士後研究，用小鼠幹細胞研究癌症基因，開了眼界。回到家鄉，他面對經費少、出色夥伴少的侷促環境，還得自己照顧近千隻小鼠。他準備辭去研究工作，重返外科界，這時卻獲邀到奈良領導一個先端科學技術實驗室。實驗室規模很小，山中伸彌回憶道：「對我們這麼小的實驗室而言，這個領域競爭太激烈了，所以我想我應該反其道而行，不是利用胚胎幹細胞來變成什麼，而是要從發明其他來源培養出胚胎幹細胞。」2006 年，他的團隊成功了。

　　故事有意思的地方是，本是因為胚胎幹細胞研究太多爭議又太多限制，山中伸彌才另闢蹊徑，但其研究結果，卻在一定範圍內紓解了倫理爭議和幹細胞供應上的限制。《科學人》這樣評價山中伸彌的

發現，「日後歷史學家記載幹細胞研究的戰爭時，山中伸彌可能會被描述為一位和平締造者：需要摧毀胚胎才能培養出胚胎幹細胞所引起的道德爭議，因這位日本科學家而意外結束了。」這評價在目前看來或者是太過樂觀：iPS誘導技術仍然存在問題，一是誘導效率低，二是經複雜的分子技術誘導製造，它用於治療上的長期風險仍未清楚。在一些研究範圍，特別是有關生殖和遺傳缺陷的研究，胚胎幹細胞仍不能被取代。

　　生物醫學的研究和突破能有助紓解倫理爭議，iPS誘導技術是一個特殊例子，甚至屬於例外。更常見的是，新技術能用於醫學，也就會被用於挑戰、甚至超越倫理界線的「創新」。例如 CRISPR-Cas9 基因編輯技術，本來是為基因治療和其他有意義的生物應用而研發。它在 2013 年面世，迅即成為科普世界的熱門話題，因為它比之前使用逆轉錄病毒（retrovirus）把基因段送進目標細胞，供編輯裝嵌的辦法簡單有效率得多，令費用和技術門檻大幅降低，打開了改造人類基因的方便之門。「基因編輯嬰兒」聲稱預防愛滋，是出乎人們意料之外，但細想一下也並不意外：人總會用盡想像力把新技術使用到盡頭。在書的前半部，第 36 節，我提到「邊緣界線」（edge）這個名詞。尖端科技稱為 cutting-edge technology，在倫理角度看卻又是利刃刀鋒，為什麼？因為人性總是會把新技術的威力推展到極限。下面一節是例子。

111

　　在「再生醫學」，人造心臟、人造軟骨等發展並沒有帶來新的倫

理爭議。在「人造腦」可能不一樣。

2015 年 8 月，俄亥俄州立大學的科學家聲稱，已經成功在實驗室中產生了一個胚胎人腦。這個雛形人腦十分完整，有肉眼可見的大腦半球、視覺神經，甚至還包括一根新生的脊髓。大腦有灰質、白質組織，這個雛形人腦的灰質已發展到胎兒大腦細胞類型的 99%。

生產人造軟骨是為治療關節退化；人造皮膚是為治療大面積燒傷；人造心臟希望幫助末期心臟病人；那麼，人造腦是為了什麼？幹細胞分化為腦組織有望醫治柏金遜病和腦退化症，但誰會想移植一個完整的人造腦？即使移植能成功，那已經不是「我」。

研究小組解釋，他們已經有了將雛形人造大腦用於軍事研究的計劃，比如為了解士兵大腦創傷後的應激障礙（post-traumatic stress disorder，PTSD）。

這或者只是第一個目的。

上面第 107 節提到，美國的 DARPA 重點開發可以自主攻擊的戰鬥工具。他們也在開發半人半機器的「生物雜交者」，把晶片植入人腦加強功能是一個題目，人腦接駁超級電腦是另一個。SyNAPSE 是一個由 DARPA 資助開發的神經形態微處理器系統（取名自神經細胞或神經元的接觸點「突觸」），2011 年 10 月就展示了一個包含有 256 個神經元的「神經形態晶片」，進一步的目標是一個多晶片系統，約等同 100 萬個神經元和十億個突觸。

科幻般的軍事應用並不是科幻小說，也打破了生物醫學家希望維持的乾淨倫理界線。雛形人造大腦研究成功的話，用於生產半人半機器的戰鬥工具的潛力，很可能遠遠大過治病。

不說軍事應用，即使謹慎地維持在生物醫學研究範圍，例如培

養腦組織供移植應用，當實驗室裡的人造腦開始成形，產生腦電波活動，也引起全新的問題：它會不會感知環境，甚至有雛形的「思想」？半人半機器的研究目的本來就是希望它能「思想」。這不是科幻想像：在實驗室裡的雛形人腦的某些部分已經檢測到腦電波，可能預示「意識」可以存在。17位專家在《自然》雜誌上撰文呼籲，在雛形人造腦取得進一步突破之前，需要制定一個倫理框架。但即使有了一個監督研究的框架，根本的倫理擔憂仍然是，我們是否正在創造一種有意識無身體的生命？

參考資料

節

106　Kevin Kelly. "The Myth of a Superhuman AI", The Wired, 25 April 2017; https://www.wired.com/2017/04/the-myth-of-a-superhuman-ai/

107　"Robotics: Ethics of artificial intelligence", Nature, 27 May 2015; https://www.nature.com/news/robotics-ethics-of-artificial-intelligence-1.17611

　　　Ben Alderson-Day, Nev Jones. "Understanding AVATAR Therapy: Who, or What, is Changing?", The Lancet, Vol 5, Issue 1, pp.2-3, 1 January 2018; https://www.thelancet.com/journals/lanpsy/article/PIIS2215-0366(17)30471-6/fulltext

　　　M. V. Soler et al. "Social robots in advanced dementia", Frontiers in Aging Neuroscience, Vol 7, p 311; doi: 10.3389/fnagi.2015.00133

108　Antonio Regalado, for MIT Technology Review. "Is it time to worry about human cloning again?", The Guardian, 20 April 2018; https://www.theguardian.com/lifeandstyle/2018/apr/20/pet-cloning-is-already-here-is-human-cloning-next

　　　楊一遙，〈寵物複製公司可挽回你逝去的愛犬〉，《明日科學》，2016 年 7 月 8 日；https://tomorrowsci.com/science/chongwufuzhigongshiwanhuiaiquan/

　　　"Barbra Streisand Explains: Why I Cloned My Dog", New York Times, 2 March 2018; https://www.nytimes.com/2018/03/02/style/barbra-streisand-cloned-her-dog.html

109　Dom Galeon. "Artificial Organs: We're Entering an Era Where Transplants are Obsolete", Futurism, 4 December 2017; https://futurism.com/artificial-organs-entering-era-transplants-obsolete

　　　〈幹細胞權威研「人造」器官　卡羅琳醫學院港分部一周造十個迷你心臟〉，《星島日報》，2018 年 02 月 19 日。

110　〈細胞時光的逆轉者：山中伸彌〉，《科學人》，2009 年 1 月號；http://sa.ylib.com/MagArticle.aspx?Unit=columns&id=1326

111　Matthew Rosenberg, John Markoff，〈未來戰場上，「終結者」離我們有多遠？〉，《紐約時報》中文網，2016 年 10 月 26 日；https://cn.nytimes.com/world/20161026/pentagon-artificial-intelligence-terminator/zh-hant/

　　　"DARPA SyNAPSE Program", Artificial brains; 11 January 2013, http://www.artificialbrains.com/darpa-synapse-program

　　　Xavier Symons. "Brain Organoid Research Needs Ethical Oversight", Bioedge, 24 Nov 2018; https://www.bioedge.org/bioethics/the-need-for-ethical-oversight-of-brain-organoid-research/12911

第 十 章

高峰，高處不勝寒？

在開頭我說，寫這本書時，心中有一個想像的讀者是石黑一雄筆下的凱西。她問：「你們怎麼可以這樣對待我們？」得到的解釋是，當重大的科學突破迅速地出現，社會無暇評估反思，新科技的力量已經盡情釋放。科技突破彷彿代表了全人類的渴望。既然嶄新技術就在眼前，怎能不去開發？人定勝天，怎可讓人類社會倒退？

攀登科學與科技的巔峰，或者光是享受研究突破本身，都是永恆不息的動力，當中有巨大的成就感和榮耀，也有全球化的激烈競爭。不說競爭，即使只為真誠地造福人群也是巨大的力量，研究者一定會勇往直前，不會猶豫，也不會樂意放慢腳步。

112

倫理學家對此有入微的觀察：

> 「……我們這個時代有一項重大的改變，那就是意識到科學的限制。科學衍生出極度新穎的情勢，卻沒有足夠的能力為它所造成的問題提出解決辦法。以前，在十八世紀和十九世紀，人們深信所有領域的進展是同步的：人們以為，知識往前推進，道德和文明也會進步。整體的人性改善也會與知識和科技的進步並駕齊驅。在那之後，我們卻看到事實並非如此。」

（《解釋給每個人聽的倫理學》，97 頁。）

在生命倫理，有兩種聲音常在向著科學的高峰呼喚：多想一想。

一種聲音問，我們應怎樣看待生命？怎樣看自己的生命、其他人的生命，和人與人之間的關係；另一種聲音問，我們應怎樣看待個體？怎樣看個人的自主、自由、尊嚴，以及個體與群體的關係？

當複雜的問題等待著有智慧的指引，人們可能會退回到自己覺得安全牢靠的價值觀。可是這些價值觀也常是互相矛盾，辯論不絕。

凱西，那些主宰你和你的朋友的生命的大人們給你的解釋並不完全。不錯，科學不斷突破，科技的誘惑難以抗拒，而倫理思考常常追不上科學突破的速度，趕不及提醒它，但這還不是整個圖像。人

們並不是麻木遲緩而已，他們往往陷於互相爭持，或是各自退回自己覺得安全牢靠的價值觀的天地，成為「道德異鄉人」（見第 102-104 節），因而缺乏呼喚的力量。

113

《華盛頓郵報》在 2017 年 12 月 17 日刊登一篇評論，題為「Gene editing is now outpacing ethics」，可以譯作「基因編輯正在把倫理學拋離在後面」。作者 Jeantine Lunshof 在哈佛一個基因組實驗室工作，擔任倫理學問題的顧問。依她觀察，當前有關基因編輯與基因治療的討論，與二十世紀八十年代的辯論似曾相識。不同的是基因組工程學已經進步到可以從任何有機體的全個基因組序列中讀取資訊，再無極限，CRISPR 及其他編輯技術亦令何謂「自然的」有機體的概念變得模糊。在編輯之外，科學家已經可以把簡單有機體的基因組重新編碼，製造地球上本來沒有的生物生命形式。

她一針見血地指出，傳統的倫理學家與科學家互動的模式，是有一些科學的發展或發明觸發強烈的道德直覺，提出關注；但是這種道德直覺在現今的基因組研究發展中不易形成，哲學家不在科學現場討論，就掌握不到問題。科學是快速的，倫理概念的分析往往是遲緩的，倫理思考要更貼近現場去了解研究的實況才有作用。

生命倫理的反思總是落後於科學與技術的創新嗎？Hastings Center 學者 Carolyn Neuhaus 與紐約大學醫學院 Prof. Arthur Caplan 合寫的另一篇文章對此還是樂觀的。他們認為倫理學有很好的往績，能閱讀社會對倫理議題的關注，和引導公眾對話。社會中存在不同的觀

點和價值觀，基因編輯科學家不是在真空中從事研究，而生物倫理學可以促使科學家面對公眾。這不是代公眾做「道德警察」，也不是要拖住科學與技術創新的後腿。倫理學可以澄清各種價值觀念，提出了主張、批評，和修正解決方案的論據，令研究可以前進。生物倫理可以為基因編輯的討論引路。

當基因編輯嬰兒試驗的新聞在香港舉行的第二屆人類基因組編輯峰會上引爆，Carolyn Neuhaus 恰巧來了香港訪問，筆者與她同在峰會現場內細聽辯論。她返回 Hastings 後有評論文章，提出一個問題：在人類生殖細胞基因組編輯的問題上，由科學界自我協商，尋找共識前行的概念，是足夠甚至是可取的嗎？這是向科學界提問，也是在提醒社會公眾：科學研究的走向並不純是科學界內部的事。

114

科學界的框架性共識早在 2015 年已經醞釀成形。香港舉行的人類基因編輯峰會是第二屆，第一屆於 2015 年在華盛頓召開，最初由美國科學院、美國醫學院、英國皇家學會、中國科學院聯合組織，隨後成立人類基因編輯研究委員會，以 14 個月時間寫成報告，2017 年 2 月公佈的指導原則是：目前人類基因編輯的臨床試驗與治療應限制在診治嚴重疾病與殘疾範圍內。基因編輯要一分為二看待：「體細胞基因編輯」（somatic editing）爭議較少，可以用現有的監管體系來管理；在可遺傳的「生殖細胞基因編輯」（germline editing）方面，開展任何臨床研究試驗之前必須要有令人信服的目標。

「體細胞」與「生殖細胞」的分別是，體細胞（即構成身體的細

胞,例如肌肉細胞、皮膚細胞等)的遺傳信息不會像生殖細胞那樣遺傳給下一代。改造生殖細胞會一代、一代地遺傳下去,影響深遠得多,禍福也更難料。人類基因編輯峰會的共識,是生殖細胞基因編輯的研究要特別慎重,進行任何可遺傳的基因組編輯前,需要有極強的理由,要有充分評估和公眾參與。目前它的技術未成熟,安全性未知,公眾的討論也不足夠,如果貿然動手去試將是不負責任。這是留有空間,期望日後可以負責任地做。

第三章談「賀建奎事件」的焦點在「誠信」。他被舉世批評,並非純粹因為實驗走得太快。實驗還鮮明地帶出根本的問題:即使誠信不缺,當有一天基因編輯技術變得安全可靠,還要不要為編輯人類基因的使用設禁區?

牛津大學尤希羅實踐倫理學中心(Uehiro Centre for Practical Ethics)主任 Julian Savulescu 認為,生殖細胞基因編輯的正面效用比道德上的反面顧慮重要,為此提出五種合理目的,支持人類生殖細胞基因編輯的往前發展。這些理由都是立足於效用主義,包括應用於根治遺傳疾病、對付特別棘手複雜的疾病、抗衰老、遏止不幸的先天基因遺傳,以及降低疾病治療的終身成本。因為強調效用,相信科學界不少人會視為同道。問題又回來了:這能成為社會共識嗎?

115

本書從生命的開始寫起,開卷是二十世紀七十年代末,人工體外授精技術令實驗室可以「製造」胚胎,輔助不孕夫婦只是起步點。胚胎的「用場」大,開闢無數可能。書的最後一章再次來到生命的起

點，科學家用最新的技術編輯基因，開啟一個人類真正可以「扮演上帝」的未來。人類已經可以創造新的生物物種，可以調校昆蟲和其他動物進化的路徑。將來人類當然也能夠自行改變自己的基因構成，改造基因組一代傳遞給一代。

在書的首尾之間我們一路上也細看了生命旅途中老、病和死的現實，看了醫療技術對抗疾病和維持生命的問題，和生命將盡時的艱難抉擇。在醫療和科技之外，墮胎與安樂死同樣觸發價值觀的衝突。分配稀有的醫療資源也費躊躇。

我沒有檢閱所有重要的生命倫理問題。舉例說，全書以「人」為主題，幾乎沒有觸及其他生物（除了第 62 節稍為提及動物權利）；全書也沒有談到人對生物生態環境的倫理責任，而這兩者都是今天生命倫理學的課題。

我也沒有談倫理學的理論，連什麼是「義務論」（deontology）和「後果論」（consequentialism）也不曾講解，這對於有興趣思考哲學觀點的讀者，委實是難以接受。在第 101-104 節我略略提及一些正在進行中的生物倫理學的辯論，但老實說我認為理論與學科的建設應該是路徑，而不是目的地。

為這本書尋找資料時，我試圖搜集發生在香港和中國內地的生命倫理題材，因為不想光是寫英、美等西方社會的故事，然而最終沒能多談內地的情境。原因之一是內地的生命倫理課題常與政策、政治史有關，難有信心下筆。明顯的例子是避孕節育。在西方，六十年代的人工避孕議題是與女性自主權利連結著的，在中國內地卻是完全不一樣的情境。1961 年，中國艱難地走出三年的大饑荒之後，出現了建國後第二次嬰兒潮，國家開始重提避孕節育。1960 年起中國開

始試製孕激素藥物，1963 年成功自主研製第一代口服避孕藥投入生產，1970 年開始向全國免費供應。八十年代中國內地強力推行「一環、二紮、三刮」的避孕節育方針，不少地方實行強制措施。「一環」是放置子宮環、「二紮」是結紮手術、「三刮」是刮宮手術墮胎，醫學節育措施成為強力貫徹政策的雷霆手段，這當然不是個人自由或婦女自主概念。

以上都是我覺得這本書有欠缺的地方。

116

在書的最後一節，且讓我回到四季大廈的比喻：大廈是倫理建築，也是社會組織；在其中生活的人要面對生命四季的考驗，困惑和付出血汗甚至淚水，這些都是生命的一部分。大廈靠什麼樹立？我個人相信以下是生命的大廈的四根重要支柱：

1. 生命：尊重它、珍惜它、護養它；尊重生命包括尊重人的尊嚴；

2. 自由：尊重人的自主，並期望人應負責任地承擔自主選擇的後果；

3. 公平公義：公平對待他人；尤其是不輕易地因群體利益之名犧牲個體；

4. 文化：尊重多元文化，這是作為諒解他人和增益自己的起點，而不是為方便自我辯護或抱殘守缺。

這樣看時，也不一定就會解決困惑，我更無意論證自己的立場是最合乎倫理，這只是讓一些可能會好奇的讀者知道我的價值觀和倫理思考的方式。

在第五和第八章提到了一把「倫理的天秤」。我心中真的常常使用這樣一把天秤，聆聽和思考每一個贊成或反對的論點，決定它有多大份量，再放上天秤與其他砝碼作衡量。我不會心急抬舉一個砝碼到至高無上的重量，也不樂意踢走其他砝碼，或是故意貶低它們的重量。衡量過原則和價值觀的考慮之後，我不會忘記具體的情境脈絡。面對複雜的生命倫理問題，往往不能只憑理性辯論做抉擇，底下還有關懷、同情、和對人和生命尊嚴的敬意。在醫療方面尤其是這樣。

生物醫學和生命科學的去向關乎人類和未來。在最高峰處，倫理學試圖提醒：小心腳步，也要回望來路。科學顛峰是否高處不勝寒？有些科學家會覺得這是不必要的過慮；況且，宗教和道德的高地，豈不也是和科學顛峰一樣，能教人高處不勝寒？絕對的宗教道德立場有時非常冷酷，例如第 70 節提到的那個巴西教會對被強姦成孕的女孩墮胎的處理，就令人戰慄。

可以這樣想，「高處不勝寒」也是人體為了恆溫而作出的生理回饋反應。對高處的溫度變化保持敏感，有助預防冷凍麻木。

在收筆之前，再念了一遍〈生命誠可貴〉這首小詩，注意到一點以前未注意過的：詩人在比較各種生命價值的高與低，但是詩也可以從另一角度來讀。詩人毫不猶豫地以生命作為衡量的起點，因為珍惜生命是最基本的價值。如果在思量之後，最終把自由（或自主）看得更重，那也不是因為我們首先看輕生命。

最後，真是最後了，想起天生殘疾的女詩人余秀華有一首詩〈雨落在窗外〉，末段只有一行，切身「在地」，同時也是「普世」：

沒有誰在雨裡，沒有誰不在雨裡

怎樣去衡量和抉擇也好，在生命裡持有這樣的同理心總會幫得上忙。

參考資料

節

112 Roger-Pol Droit 著、陳太乙譯，《解釋給每個人聽的倫理學》，聯合文學出版社，97 頁。

113 Jeantine E. Lunshof. "Gene Editing is Now Outpacing Ethics", Washington Post, 12 December 2017; https://www.washingtonpost.com/news/theworldpost/wp/2017/12/12/bioethics/

Carolyn P. Neuhaus, Arthur L. Caplan. "Genome editing: Bioethics shows the way", PLOS, March 16 2017; https://doi.org/10.1371/journal.pbio.2001934

Carolyn Neuhaus. "Should We Edit the Human Germline? Is Consensus Possible or Even Desirable?" The Hastings Center, 4 December 2018; https://www.thehastingscenter.org/edit-human-germline-consensus-possible-even-desirable/

區結成，〈「賀建奎事件」給 2019 年的兩份功課〉，《信報》，2019 年 1 月 21 日。

114 Julian Savulescu. "Five Reasons We Should Embrace Gene-editing Research on Human Embryos", The Conversation, 3 December 2015; https://theconversation.com/five-reasons-we-should-embrace-gene-editing-research-on-human-embryos-51474

115 王存同，〈中國計劃生育下的避孕節育：1970- 2010〉，《學海》，2011 年 2 月，34-41 頁；http://ww2.usc.cuhk.edu.hk/PaperCollection/webmanager/wkfiles/8379_1_paper.pdf

生命倫理

的四季大廈

區結成 著

責任編輯	寧礎鋒
書籍設計	姚國豪

出　版	三聯書店（香港）有限公司
	香港北角英皇道四九九號北角工業大廈二十樓
	Joint Publishing (H.K.) Co., Ltd.
	20/F., North Point Industrial Building,
	499 King's Road, North Point, Hong Kong
香港發行	香港聯合書刊物流有限公司
	香港新界大埔汀麗路三十六號三字樓
印　刷	美雅印刷製本有限公司
	香港九龍觀塘榮業街六號四樓A室
版　次	二〇一九年五月香港第一版第一次印刷
規　格	特十六開（148mm × 205mm）二四八面
國際書號	ISBN 978-962-04-4485-2

三聯書店
http://jointpublishing.com

JPBooks.Plus
http://jpbooks.plus